老年人监护制度研究

杜江涌　著

中国人民公安大学出版社
·北　京·

图书在版编目（CIP）数据

老年人监护制度研究／杜江涌著．—北京：中国人民公安大学出版社，2020.7

ISBN 978-7-5653-3917-2

Ⅰ. ①老… Ⅱ. ①杜… Ⅲ. ①老年人-监护制-研究
Ⅳ. ①C913.6

中国版本图书馆 CIP 数据核字（2020）第 046263 号

老年人监护制度研究

杜江涌　著

出版发行：中国人民公安大学出版社
地　　址：北京市西城区木樨地南里
邮政编码：100038
经　　销：新华书店
印　　刷：北京市科星印刷有限责任公司

版　　次：2020 年 7 月第 1 版
印　　次：2020 年 7 月第 1 次
印　　张：5.125
开　　本：880 毫米 × 1230 毫米　1/32
字　　数：115 千字

书　　号：ISBN 978-7-5653-3917-2
定　　价：23.00 元

网　　址：www.cppsup.com.cn　www.porclub.com.cn
电子邮箱：zbs@cppsup.com　zbs@cppsu.edu.cn

营销中心电话：010-83903254
读者服务部电话（门市）：010-83903257
警官读者俱乐部电话（网购、邮购）：010-83903253
法律图书分社电话：010-83905745

前　言

参加电视台的节目录制，讨论的话题是：如果父母提出去养老院养老，你支持还是反对？现场嘉宾纷纷发言，情真意切，各执一词。

轮到我发言，我首先问了一个问题：为什么我们都是考虑自己的感受，认为养老院好就支持，认为养老院不好就反对呢？我们为什么不能把父母的自我选择作为答案？如果父母愿意去，我们就常去探望；如果父母不愿意去，我们尽力让他们安度晚年。

现场突然安静……

在我看来，最重要的是不管我们做什么，都要首先考虑老年人的感受。在保障老人安全的情况下尊重老年人的自我决定权，让他们充分感知自己的存在感，而不是我们认为如何，有时我们的“好意”反而对老年人是一种伤害，不要将我们的意愿强加给老年人。

作为一个感性的法律人，我常常思考，我能为老人们做些什么？我们现行的相关制度设计能够给老人们带来什么？正是基于此，我决定写几本关于老年人权益保障的书①，多维度审视目前

① 本书系横向课题“机构养老格式合同研究”的子成果。

制度存在的问题，提出完善、改进建议，以期引玉。

本书的正文分为五个部分。

第一章：问题之提出：养老之殇。随着年龄的增长，老年人正常的生活、交往不可避免地受到影响。另外，家庭养老功能逐渐弱化，老年人权利的实现有所受限，利益和需求也常常被忽视，老年人逐渐成为社会的弱势群体，成为容易被侵害的对象。人口老龄化给我国的经济、社会、政治、文化等方面的发展带来了深刻影响，带来的挑战是多方面的。《联合国老年人原则》确立了关于老年人地位 5 个方面的普遍性标准：自立、参与、照料、自我实现、尊严。“为了保障老年人合法权益，发展老龄事业，弘扬中华民族敬老、养老、助老的美德”，我国初步形成了保障老年人权益的法律体系。

第二章：老年人监护制度的理论考量。监护是《精神卫生法》中最古老的制度之一。监护制度源于罗马法，兼有保障市场交易安全的作用。“老年人监护制度”是以年满 60 周岁且丧失行为能力的老年人为对象，在充分保障老年人意思自治的前提下，通过法定或者意定的方式，对老年人的人身、财产及其他合法权益进行监督、保护的一项民事法律制度。受国际人权理念的影响，再加上老龄社会的冲击，尊重自主决定权，维持生活正常化等先进理念逐渐成为行为能力欠缺者人权保障的准则。在这些先进理念的影响之下，成年监护制度呈现出新的特征：第一，以支持决策为立足，尊重自主决定权，确立有限监护原则；第二，多管齐下，保护措施的多层次、多种类；第三，私法自治优先，意定监护兴起；第四，国家公权力的适度干预；第五，人身监护日益受到重视。

第三章：我国成（老）年人监护制度的立法考量。我国老年人监护制度的确立，经历了从无到有，从借鉴到本土化的过程。《民法总则》① 成年人监护的适用对象为“无民事行为能力和限制行为能力的成年人”。这样的表述也是在我国法律上真正意义地提出成年人监护的概念，也是从真正意义上提出老年人法定监护的概念。从老年人的角度出发，现行法定监护制度不足以充分保障老年人的权益，存在诸多尚待完善之处：第一，监护制度与行为能力制度不匹配；第二，法定监护保护模式单一；第三，监护人选任方式不合理；第四，任职资格不明确；第五，监护人权利与具体职责缺失；第六，监护监督制度缺失。意定监护制度初次被纳入我国的立法调整范围是在我国现行的《老年人权益保障法》中。《民法总则》第 33 条对成年人意定监护制度做出了初步规定，为该制度的发展提供了上位法依据。现行法律关于成年人意定监护制度的构建过于概括性、原则性，缺乏明确可行的具体操作流程：第一，缺乏意定监护合同的具体规定；第二，对老年人监护人的资格未作详细要求；第三，缺少意定监护监督制度；第四，相关配套制度缺失。

第四章：域外成（老）年人监护制度立法例考量。20 世纪 50 年代以来，不少国家和地区先后在成年人监护领域进行了大规模的法律制度改革。“二战”后，改革了的法定成年监护制度将尊重与保障人权作为制度创设施行的核心点。如今，人口老龄化加速的现状使得各国又重新审视法定成年监护制度，其中共性和值得借鉴的地方主要表现在以下几个方面：第一，法定成年监护

---

① 2020 年 5 月 28 日第十三届全国人民代表大会第三次会议通过《中华人民共和国民法典》。该法典第一编总则关于监护的规定保留了《民法总则》的制度设计。

制度适用范围扩张，行为能力的宣告不再是设置监护的前置程序；第二，设置分层级、多种类的监护措施以更好地匹配行为能力各有差异的老年人的监护需求；第三，监护人的选任更充分尊重被监护人的意愿，并从正反两个方面对监护人任职资格进行明确限制；第四，在老年人法定监护制度中明确规定监护人限制职责的范围；第五，完善法定老年人监护监督机制，引入监护监督人这一私力监督主体。意定监护以当事人自决为视角，各国的改革可分为三种模式，即以德国为代表的法定监护型，以英国为代表的意定监护型，以日本为代表的混合型。

第五章：老年人监护制度的完善。在人口老龄化的今天，老年人监护制度的设计必须以老年人的视角为立足，以老年人的自决为核心，以老年人利益的保障为归属来进行。老年人法定监护制度的完善包括以下几个方面：第一，确立老年人法定监护制度的基本原则；第二，设置多种类、分层次的监护模式；第三，创设具体的监护人选任规则；第四，明确监护人享有的权利；第五，细化监护人的监护职责；第六，创立完善的监护监督制度。只有意定监护合同制度、意定监护监督制度以及相关配套制度有机融合才能形成一个完备的老年人意定监护制度体系：第一，确立老年人意定监护制度的基本原则；第二，完善成年人意定监护合同制度；第三，完善成年人意定监护监督制度；第四，构建成年人意定监护的相关配套制度。

目 录

第一章　问题之提出：养老[①]之殇

联合国国际人口学会编制的《人口学词典》认定，当一个国家或地区的65岁及以上人口达到或超过总人口数的7%时，这样的社会即步入了老龄化[②]。我国早在2000年时就已经符合甚至超过了该标准，且65岁及以上人口的占比每年都在提升。[③]

随着年龄的增长，人的身体的各种机能逐渐衰退，意思表示能力有所下降，老年人正常的生活、交往不可避免受到影响。另外，社会结构转型带来家庭结构的变动，社会人口流动性加大，家庭养老功能逐渐弱化。老年人权利的实现和满足有所桎梏，利益和需求也常常被忽视，其逐渐成为社会的弱势群体，成为容易被侵害的对象。

---

① 《中华人民共和国老年人权益保障法》指出，养老，主要是指“对老年人经济上供养、生活上照料和精神上慰藉”，即要满足老年人的收入、健康（包括医疗保障）、精神关怀的需要。

② 联合国国际人口学会编著：《人口学辞典》，杨魁信、邵宁译，商务印书馆1992年版。

③ 根据2017年国民经济和社会发展统计公报来看，我国在2017年65岁及以上人口占比由2016年的10.8%提高到了11.4%。数据来源：2018年2月28日中华人民共和国国家统计局发布中华人民共和国2017年国民经济和社会发展统计公报。

一、我国人口老龄化的表征

与其他国家相比，我国的人口老龄化具有以下主要特征。

（一）老年人口数量多

国家卫健委2019年7月公布的数据显示，我国是世界上老年人口最多的国家。截至2018年年底，我国60岁及以上老年人口约2.49亿，占总人口的17.9%；65岁及以上人口约1.67亿，占总人口的11.9%。

（二）人口老龄化发展迅速且呈现阶段性

我国是人口老龄化发展速度最快的国家之一。2000—2018年，世界60岁以上老年人口比例提高约3个百分点，而同期我国老年人口比重提高了约7个百分点，是世界平均水平的2倍以上，并且在今后一个很长的时期内都保持着很高的递增速度。

纵观我国人口发展，人口老龄化发展呈现四个不同发展阶段：第一阶段为老年人口的平稳发展阶段。第二阶段为人口老龄化的前期阶段，到2000年初步进入老龄化阶段。第三阶段为人口老龄化的调整阶段，在2000年到2030年，人口老龄化速度加快。对这一阶段又可分为两个小阶段，一是2000—2015年少儿人口增长较慢，劳动人口迅速增加，老年人口增长加快；二是2015—2030年少年人口开始减少，劳动人口也出现下降，老年人口迅速增加。第四阶段即2030年到2050年为高水平人口老龄化阶段。在这期间老龄化速度开始减慢，但老年人口比例仍保持在一个较高水平。

（三）发展不平衡

我国的老年人口无论在规模上还是在增长数量上都是极为突

出的，从内部机构来看，在地区发展、城乡水平和性别数量上是不平衡的。

1. 地区发展不平衡

中国人口老龄化发展具有明显的由东向西的区域梯次特征，东部沿海经济发达地区明显快于西部经济欠发达地区，将最早进入人口老年型行列的上海（1979 年）和最迟进入人口老年型行列的宁夏（2012 年）比较，时间跨度长达 33 年。

2. 城乡倒置显著

目前，农村的老龄化水平高于城镇 1. 24 个百分点，这种城乡倒置的状况将一直持续到 2040 年。① 到 21 世纪后半叶，城镇的老龄化水平才将超过农村，并逐渐拉开差距。这是中国人口老龄化不同于发达国家的重要特征之一。

3. 女性老年人口数量多于男性

目前，老年人口中女性比男性多出 464 万人，2049 年将达到峰值，多出 2645 万人。21 世纪下半叶，多出的女性老年人口基本稳定在 1700—1900 万人。需要指出的是，多出的女性老年人口中 50%—70% 都是 80 岁及以上年龄段的高龄女性人口。②

二、我国人口老龄化带来的挑战

人口老龄化给我国的经济、社会、政治、文化等方面的发展

---

① 民政部副部长：《中国农村老龄化水平高于城市 人口老龄化城乡倒置》，http：//www. chinadaily. com. cn，访问日期：2020 年 2 月 11 日。

② 魏少芳：《当前我国人口老龄化问题的现状、特征及解决对策浅析》，https：//wenku. baidu. com/view/de72129f974bcf84b9d528ea81c758f5f61f2996. html 访问日期：2020 年 2 月 15 日。

带来了深刻影响，庞大老年群体的养老、医疗、社会服务等方面需求的压力也越来越大，我国人口老龄化带来的挑战是多方面的。

（一）起步晚，未富先老

发达国家已经在几十年或上百年前就进入了老年型社会，如老年人口比例达到7%的国家和年份分别为：法国1865年、英国1930年、瑞士1935年、美国1945年、日本1970年，与世界人口老龄化的进程比较，虽然我国人口老龄化起步较晚，但是发展的速度很快。计划生育政策加速了我国的人口转变进程，再加上我国庞大的人口基数，这使得在未来很长一段时期内，我国不仅仍将保持世界人口大国的地位，还将成为世界上老年人口最多、人口老龄化速度最快的国家之一。我国属于发展中国家，人均GDP较低，而我国老年人口比例却与世界平均水平持平。因此，我国应对人口老龄化的经济实力和物质基础还比较薄弱。

（二）人口老龄化会导致劳动力资源的短缺

一般而言，人口老龄化会造成劳动年龄人口比例下降，从而导致劳动力短缺。我国人口老龄化具有中国特色，我国虽然已进入老年型社会，但由于我国人口老龄化是在计划生育政策推动下产生的，即使总和生育率已低于更替水平，但由于人口规模大，处于生育年龄的人口多，人口增长速度仍然较快。同时，在第一次和第二次生育高峰出生的人口现在正处于青壮年时期，因此，我国劳动力资源丰富，而且在今后较长的时期内，不会出现劳动力短缺问题。到2050年劳动年龄人口数量和比例均将降至该预测期的最低点。随着人口老龄化程度的不断提高，总抚养比例开始不断上升，到2050年将达到该预测期的峰值。因此，人口老龄化对劳动力和经济发展都将产生广泛而深刻的影响，国家需要及早采取有效措施，积极应对人口老龄化带来的劳动力不足的挑战。①

（三）人口老龄化对劳动生产率的影响

我国是以劳动密集型产业为主的国家，这些年来经济得以迅速发展的一个重要原因在于我国具有供应充足的劳动力生产的廉价的劳动密集型产品，在国际竞争中处于优势地位。可是老龄化将会使这种优势弱化：一方面，老龄化导致了劳动力供给的下降。经济发展对劳动力的需求越来越多，根据供求关系原理，劳动力供给的下降将导致劳动力支付的报酬提高，劳动成本相应增加。另一方面，人口老龄化降低了劳动生产率。社会的发展往往需要技术更新，老龄化使得人们对新知识学习困难，接受时间长，在精力上较难胜任新的工作，这在一定程度上影响了生产力的提高。②

（四）人口老龄化对消费、储蓄倾向及模式产生的影响

人是生产者，又是消费者，不同年龄的人群，有不同的消费偏好，有不同的储蓄倾向。因而，人口年龄结构的变化会引起社会消费与储蓄比例的波动，从而对经济发展产生影响。

按照生命周期理论，人口老龄化发展到一定阶段，会使得整

---

① 2015年12月27日，第十二届全国人大常委会第十八次会议审议通过了《关于修改〈中华人民共和国人口与计划生育法〉的决定》，决定将第18条第1款分为两款，作为第1款、第2款。第1款修改为“国家提倡一对夫妻生育两个子女”，自2016年1月1日起执行。

② 《人口老龄化对劳动力供给的影响》，https：//www.xzbu.com/3/view－11236923.htm，访问日期：2020年2月5日。

个社会的消费倾向增加，储蓄倾向降低。这种转变的后果会产生两个方面的影响：一是社会消费需求，包括用于老年人的公共支出将会增加，社会消费模式将发生根本性的变化；二是个人和家庭储蓄减少。按照经济学理论观点，储蓄等于投资。根据发达国家的经验，家庭和企业是资本积累的主要来源，因而，个人消费与储蓄倾向及模式的变化，会对生产基金的积累产生消极的影响。

因此，在这段时期内，主要由于制度方面的原因，老年人口的消费倾向将受到一定程度的抑制。而一旦这些因素得到改善，老年人口的消费需求将迅速增加，对我国的财政政策、税收政策和消费政策都会产生不可忽视的影响。

（五）人口老龄化对我国社会保障的影响

社会保障制度的核心是社会保险制度。社会保险制度的核心是养老保险制度。推行社会养老保障体系，是社会发展的必然趋势。但在选择社会保障模式时，必须考虑到人口老龄化的影响。从发达国家的经验来看，用于老年人口的养老支出，与社会经济发展水平和人们的收入水平的变动有密切关系，但与老年人口规模及比重的关系更密切。人口老龄化对我国正在健全和完善的社会保障制度提出了前所未有的巨大挑战，目前我国面临着诸多问题亟待解决。

三、老年人权益的内容

从外延来看，老年人权益包括了衣、食、住、行、医等多方面的内容。1991 年，联合国大会通过的《联合国老年人原则》确立了关于老年人地位 5 个方面的普遍性标准：自立、参与、照料、自我实现、尊严。据此，老年人权益至少应当包含以下几方面的内容。

（一）获得社会保障权

老年人为家庭、为社会创造了价值，做出了贡献，理应能够享受充分的社会保障，实现老有所养：一是能够保证有维持生活的基本经济收入，对低收入群体、病、残、高龄等有必要的倾斜；二是能够享受有价值的医疗卫生服务。尽管传统的家庭模式在今天的社会，仍有很大的影响，提供了家庭养老的可能，但从社会整体发展的趋势、人口流动性的增强、年轻人工作节奏的加快等方面考察，机构养老将成为未来老年人生活的主要方式。社会保障的健全是实现机构养老的前提。而且即便是家庭养老，也存在相关医疗服务、特殊护理服务等方面的问题，这些均应由政府通过相关举措，直接或间接地通过对民间组织或机构的扶持加以提供，保证老年人社会保障方面权益的实现。

（二）享有社会参与权

老年人的独立、尊严、自我实现除了来自经济基础之外，社会参与也是很重要的方面，一般包括劳动权、受教育权、参与社会活动以及选举和出版等政治权利。老年人的劳动权是说有劳动能力的老年人在遵守社会统一的退休等制度的前提下有继续工作的权利，不应当受到年龄歧视。社会应当纠正老年人不需要工作的观点，实际上在社会整体医疗和健康水平提高的情况下，许多老年人尤其是按世界卫生组织的划分属于年轻老年人阶段的老年人，略有老态却并不“龙钟”，又具有丰富的职业经验和人生阅历，如此资源不能参与社会的价值创造过程十分可惜。老年人还享有受教育的权利。我国社会传统观点认为老年人的主要任务是含饴弄孙，并不需要学习。实际上随着人口整体受教育程度的提高，人们的精神需求在不断增加。通过受教育，丰富、充实自己的生活，学有一技或是了解养生保健知识，能够提高老年人的生活质量。政府应当努力增加老年人受教育的机会。选举、出版等政治权利也是保证老年人社会参与的重要权利，能使其感受到作为社会成员的价值感、成就感。社会活动的参与权指政府和社会应当尽可能多地提供一些老年人能够参与的社会活动，促进老年人之间以及与其他社会成员交流的机会，使老年人与社会的沟通保持顺畅。综上，社会参与其实是社会精神赡养的重要方面。目前，社会中的“空巢”家庭、鳏寡独居的老年人更需要通过劳动、受教育等社会参与来保持精神的健康。政府和社会应当通过多种方式为老年人提供社会参与的机会。

（三）老年人应该享有的民事权益

根据各国民事法律的规定，老年人作为自然人的权利能力并未因年龄的增长而受任何影响，享有民事法律赋予自然人的一切权利；其行为能力视自身的健康状况、意识状态而定，可能为限制民事行为能力人或无民事行为能力人，相关民事法律行为应由其监护人代为行使。老年人最常涉及的民事权益主要包括获得赡养权、婚姻自主权、财产权、继承权等。获得赡养权是指老年人有权获得成年子女物质与精神上的照顾。婚姻自主权是指老年人也有依照婚姻法的规定再婚、离婚的权利，不受子女等任何他人的干涉。财产权是指老年人合法的个人财产受法律保护，任何人包括子女在内未经老年人同意不得进行处分。继承权是指老年人有权依照继承法规定继承其配偶、父母、子女等的遗产，并不因年龄、健康状况等受影响。

（四）老年人应该享有的商事权益

老年人也应享有参加商事活动的权利，进行投资、担任企业高管、从事商业交易等，不因年龄而受到歧视对待。社会应当提供相应的条件保证老年人这些权利的实现，比如在有关交易场所、投资场所配备适合老年人使用的设施，提供便于老年人阅读的资料等。

四、老年人权益保护的必要性

对老年人权益予以特别保护，体现着“以人为本、弱势群体利益保障”的社会理念和价值规则，是现代国家的应有之义，也是社会可持续发展的必然要求。

（一）社会公平、正义价值的体现

作为社会主体和社会活动的参加者，每个人都有权利得到社会平等的关心和尊重。人与人之间的关系、个人与社会的关系本质上也是一种相互依赖的关系，个人与社会都有责任维护对方的生存和发展。在这种相互依赖、相互帮助的关系中，从道德要求出发，能力越大，责任越大；反之，能力越小，责任越小。

老年人作为社会弱势群体的一部分，其能力的减弱和损耗远超一般社会群体，因此在法律设计上，出于实体公平和正义的考虑，在以老年人为一方构建的社会关系中，必须为其提供更多的保护和倾斜。保护社会中的弱小群体，保障其生存条件和各项基本权利，是一个民主、进步、文明、和谐的社会应遵循的基本原则，这既是一种道德立场，也是一种道义选择。

（二）传承文明的需要

老年人拥有丰富的社会经验和阅历，积累了大量的物质和精神财富，在社会工作和生活中发挥着重要的作用。敬仰老人是中华民族的传统美德，也是中华文化的重要组成部分。保护老年人的合法权益就是对中华文明成果的一种传承。①

古罗马的有关民事立法、中国古代的《唐律疏议》中都有关于老年人权益的一些规定。罗马时代的元老院，虽然仅仅是咨询性机构，但却是国家政治建设中最具实力的组织之一；我国封建社会皇权之下也常设年老资深的大臣佐政；在民间，古今中外更是有许多杰出的匠师，在进入老年之后创作出了传世佳作。及至今日，老年人在教育、医疗、技术等领域也具有无可替代的作用，他们深厚的经验积累对很多实践问题的解决具有重要意义。除此之外，老年人在家庭关系的维护中也有独特的作用。世界卫生组织的研究表明，那些在有年长者的家庭中成长，且关系和睦的人，其性格、心理更稳定，更倾向于平和，成年之后，在人际交往中情商也往往较高。

（三）构建和谐社会的要求

和谐作为社会主义核心价值观是对斗争哲学的否定。② 和谐既包括人与人的和谐，也包括人与动物的和谐。人与人之间的和谐，是社会稳定的表现，也是促进社会发展、推动历史前进的基本保障。和谐也是中华传统文化的要素。家庭是社会的细胞，家庭关系的稳定与和谐是社会稳定与和谐的基础。

人口老龄化对国家的政治、社会、经济、文化等各个方面都会产生重大影响，由此，老年人权益保障体系的构筑问题也就异

---

① 王学智：《老年人权益保护的法律研究》，载《长江丛刊》2018 年第 5 期。

② 郭明瑞：《民法典继承编应弘扬的社会主义核心价值观》，载 2019 年中国民法典婚姻家庭编、继承编立法研讨会论文集，第 158 页。

常复杂。做好老年人权益保障工作，不仅是解决人口老龄化社会问题的直接要求，更是贯彻落实科学发展观，实现科学发展、增强社会管理与创新、构建和谐社会的一项重要工作。

当前我国社会老龄化的进程日益加快，在敬老、养老、助老等问题上，善待老人就是善待自己，老年人权益在多大水准上得到保障，是衡量人口老龄化社会文明进步的重要标志，保障老年人合法权益是全社会特别是人口老龄化社会的职责，业已成为国家和全社会的一项重任。

五、老年人权益保护的制度现状

"人口老龄化继续发展下去所产的冲击不亚于全球化、城市化、工业化等人类历史上任何一次伟大的经济与社会革命"①，"老龄化社会"首先面临的就是老年人（尤其是失能老人、失智老人、失独老人等特殊老人群体）权益的维系与保障，如何让老年人有尊严地生活，这也是当代社会解决养老难题必须要面对和解决的问题。

"为了保障老年人合法权益，发展老龄事业，弘扬中华民族敬老、养老、助老的美德"②，我国初步形成了保障老年人权益的法律体系：

（一）宪法

《中华人民共和国宪法》第45条规定，中华人民共和国公民

---

① Alan Pifer, Lyia Bronte: Introduction: Squaring the Pyramid, DAEDALUS, 1986 (Winter), 115 (1).

② 《中华人民共和国老年人权益保障法》第1条。

在年老、疾病或者丧失劳动能力的情况下，有从国家和社会获得物质帮助的权利。国家发展为公民享受这些权利所需要的社会保险、社会救济和医疗卫生事业。第49条第4款规定，禁止破坏婚姻自由，禁止虐待老人、妇女和儿童。

（二）刑法

《中华人民共和国刑法》第260条之一规定，对未成年人、老年人、患病的人、残疾人等负有监护、看护职责的人虐待被监护、看护的人，情节恶劣的，处三年以下有期徒刑或者拘役。

（三）婚姻法

《中华人民共和国婚姻法》第2条规定，实行婚姻自由、一夫一妻、男女平等的婚姻制度。保护妇女、儿童和老人的合法权益。第21条规定，父母对子女有抚养教育的义务；子女对父母有赡养扶助的义务。父母不履行抚养义务时，未成年的或不能独立生活的子女，有要求父母付给抚养费的权利。子女不履行赡养义务时，无劳动能力的或生活困难的父母，有要求子女付给赡养费的权利。

（四）继承法

《中华人民共和国继承法》第7条规定，继承人有下列行为之一的，丧失继承权：故意杀害被继承人的；为争夺遗产而杀害其他继承人的；遗弃被继承人的，或者虐待被继承人情节严重的；伪造、篡改或者销毁遗嘱，情节严重的。

（五）民法总则

《中华人民共和国民法总则》第28条规定，无民事行为能力或者限制民事行为能力的成年人，由下列有监护能力的人按顺序担任监护人：（1）配偶；（2）父母、子女；（3）其他近亲属；（4）其他愿意担任监护人的个人或者组织，但是须经被监护人住所地的居民委员会、村民委员会或者民政部门同意。第 33 条规定，具有完全民事行为能力的成年人，可以与其近亲属、其他愿意担任监护人的个人或者组织事先协商，以书面形式确定自己的监护人。协商确定的监护人在该成年人丧失或者部分丧失民事行为能力时，履行监护职责。

（六）老年人权益保障法

《中华人民共和国老年人权益保障法》则从家庭赡养与扶养、社会保障、社会服务、社会优待、宜居环境、参与社会发展、法律责任等方面作了制度设计。将应对人口老龄化上升为国家长期战略任务[①]、将精神慰藉条款“常回家看看”上升为法律[②]；明确法律对老年人权益保障的外延，并以法定形式确立每年农历九月初九为老年节[③]。

“老吾老，以及人之老”，关心老年人就是关心自己的明天，靠情分不如靠制度；靠人帮不如靠自助。希望接“地气”、完善的制度设计，能为老年人的权益保障竖起一道坚实的藩篱。

---

① 《中华人民共和国老年人权益保障法》第 3 条规定：国家保障老年人依法享有的权益。老年人有从国家和社会获得物质帮助的权利，有享受社会服务和社会优待的权利，有参与社会发展和共享发展成果的权利。禁止歧视、侮辱、虐待或者遗弃老年人。

② 《中华人民共和国老年人权益保障法》第 18 条规定：家庭成员应当关心老年人的精神需求，不得忽视、冷落老年人。与老年人分开居住的家庭成员，应当经常看望或者问候老年人。用人单位应当按照国家有关规定保障赡养人探亲休假的权利。

③ 《中华人民共和国老年人权益保障法》第 12 条规定：每年农历九月初九为老年节。

第二章　老年人[1]监护制度的理论考量

一、监护制度的源起

现代监护制度是一项重要的民事法律制度，是对特殊民事主体的人身、财产及其他合法权益的监督与保护。古罗马学者塞尔维将监护定义为，“对那些由于年龄原因而不能自我保护的自由人给予保护的、由市民法所赋予的权利”[2]。江平教授认为，“监护是指依法对无民事行为能力人及限制民事行为能力人的人身、财产及其他合法权益进行监督和保护的制度”[3]。监护制度的功能就在于补充民事行为能力有缺陷者的意思表示，使其民事行为符合法律规定，最终保护受监护人的权益。

监护是《精神卫生法》中最古老的制度之一。监护制度源于罗马法，兼有保障市场交易安全的作用。

---

① 《中华人民共和国老年人权益保障法》第2条规定：本法所称老年人是指60周岁以上的公民。

② ［意］彼得罗·彭梵得：《罗马法教科书》，黄风译，中国政法大学出版社2005年版，第129页。

③ 江平主编：《民法学》，中国政法大学出版社2000年版，第111页。

（一）罗马法监护制度的萌芽：与继承相生相伴

古罗马时期，家庭财产实行共有，家长之外的任何人既不能处理家庭事务，更不能处置家庭财产。当年迈的家长突然去世，继承家庭财产的新家长，可能因为年幼或行为能力欠缺而不能很好地履行管理职能。这时，为新家长指定监护人，帮助或代理其打理家庭事务、处置家庭财产，就显得十分重要和必需。在漫长的古罗马时期，监护制度完成了它初期的萌芽。值得一提的是，与监护制度同生共长的，还有另外一个法律制度——保佐。

罗马古时，设置监护和保佐的目的是保护家族的财产利益。[①]随着劳动工具的改革、生活方式的改善以及生产经验的积累，家庭的财产逐渐丰富，满足家庭成员的日常需求后还有相当的剩余。剩余财产的出现是财产私有的必然结果，然而，财产的私有和自由处置，导致许多自制力不强的年轻自由人大行挥霍财产，奢靡之风盛行，社会上出现了许多由富转贫的流浪者和破产者。为了保障整个家族和继承人的利益，古罗马法学家创造性地分设了监护和保佐制度，监护制度的主要功能是确保被监护人的人身健康和安全，保佐制度的主要功能是保障被监护人的财产不被挥霍或浪费。

（二）罗马法中监护制度的内涵：监护和保佐

罗马法中的监护制度包括监护和保佐，其监护对象为自权人。罗马法把人分为自权人和他权人，他权人是指处在家长权、夫权或买主权支配之下的罗马市民。因为他权人受到其家长、丈夫或买主的管理和支配，所以对其不必再设置监护人或保佐人，

---

① 周枏：《罗马法原论》，商务印书馆 2001 年版，第 261 页。

监护制度也就不会保障他们的权益。与他权人相反，自权人能独立决定自己的行为，并为自己的行为负责。为了保障精神病人和浪费人及其继承人的合法权益，罗马法设立了保佐制度，保佐就成为一般性的、临时性的职务。“最初，监护的作用主要在于补充被监护人的能力，保佐则是代被保佐人管理财产。这种区别到帝政后期便逐渐消失。”①

按照监护对象的不同，罗马法将监护分为：未适婚人监护及自权女子监护。所谓未适婚人的监护，就是指针对不在家父权之下的自权人所适用的监护，其监护对象包括：男性自权人（未满14周岁）和女性自权人（未满12周岁）。未适婚人监护主要包括：一是法定监护，由法律直接规定设定的、由被监护人的法定继承人担任的监护。二是遗嘱监护，家长基于家族利益而订立遗嘱，为保护其未达适婚年龄的子女利益，为其指定监护人的监护。三是官选监护，当发生既无法定监护人，也无遗嘱监护人的特殊情况时，根据申请由大法官（后改为执政官）等公职人员依法定职权和程序选定监护人的监护。四是信托监护，这是一种钻法律漏洞的取巧监护，由买主和家长达成形式合法的协议，协议议定：家长以超过法定次数出卖其家属，被数次出让的家属依照法律规定当然脱离家长权，买主依据原达成的协议对脱离家长权的家属实施监护。

自权女子监护是对适婚自权女子［12周岁以上，不含维斯塔（Vesta）贞女］的监护。自权女子监护包括：一是法定监护，由原家长、买主、恩主或宗亲担任监护人的监护。二是遗嘱监护，

---

① 周枏：《罗马法原论》，商务印书馆2001年版，第262页。

自权女子的家父或丈夫订立遗嘱，为自权女子指定监护人或授权其自己选择、更换监护人的监护。三是官选监护，其定义与未适婚人官选监护的定义相同。四是信托监护，这是一种经由两次买卖，使该女子脱离父权和夫权而成为自由人，最终与有情人终成眷属的监护形式，风险较高。“被监护的女子与其信任的朋友合谋，伪装买卖婚的法定形式与其朋友形成有夫权婚姻，再由该朋友将她出卖给女子的真心爱人而形成的有夫权监护。”① 410 年，特奥多西二世和霍诺里乌斯帝发布命令，适婚女子无论有无子女，均免除监护，女子监护制度在罗马法中终于寿终正寝了。

由于立法目的的趋同，设立保佐制度就是为了保护家族财产和法定继承人的利益；所以，保佐制度的构建与监护制度具有极大的相似性。根据保佐对象的不同，罗马法中的保佐包括：对精神病人的保佐、对浪费人的保佐和对适婚未成年人的保佐，与当代监护制度比较，罗马法中将浪费人和适婚未成年人纳入保佐的范畴极具特色。设置浪费人保佐的最初目的是防止其肆意挥霍继承来的祖产，后来，保佐的财产范围扩大至被监护人任何来源的财产。为了保护适婚未成年人的权益，罗马制定了适婚未成年人保佐制度，经过帝政后期的改革，保佐与监护逐渐趋同，人们就不再区分监护和保佐了。

（三）罗马法中监护的性质：从私事到公益性质

在罗马法中，最初监护和保佐是为了保护家族的利益，因而它们和家长权一样，是一种具有人身和财产支配性的权力，而非

---

① 周枏：《罗马法原论》，商务印书馆 2001 年版，第 278—279 页。

强调意志和利益的权利，“在塞尔维所下的法律定义中，这位共和国时期最富有天才的法学家将监护定义为：‘对那些由于年龄原因而不能自我保护的自由人给予保护的、由市民法所赋予的权力’”①。后来罗马的经济有了很大的发展，家族制度崩溃，财产共有的观念消失，家长以遗嘱为子女指定监护人和保佐人时，已不以家族的利益为重，而以子女的利益为前提。这样，监护和保佐制度便由保护家族利益和法定继承人的利益变为保护被监护人和被保佐人的利益了。同时，由于受希腊哲学的影响，认为法律应当保护弱者，特别要保护妇女和儿童的利益，因而监护和保佐成了一种社会公益性质的职务，不再完全是私人的事情。

由此可看出，在罗马法早期，监护是权力范畴，随着经济的发展和法律应该保护弱者的观念的影响，监护和保佐不再是私人事情，而成为一种社会公益性质的职务。

（四）监护制度正式成文于《十二铜表法》

古罗马共和时代初期，在罗马平民保民官和广大平民的共同努力下，罗马制定了传唤、审判、求偿、家父权等十部法律，雕刻在十块青铜板上，公布于罗马广场，这是人类历史上公布成文法的开端。公元前450年，针对铜表法的缺陷和不足，罗马又新制定了两表法律：《前五表之补充》和《后五表之补充》，加上前次公布的十表，共计十二表，这就是著名的《十二表法》。由于各表由青铜铸就，所以大家称之为《十二铜表法》。

监护制度就载于《十二铜表法》的第五表，名为“继承和监

① ［意］彼得罗·彭梵得：《罗马法教科书》，黄风译，中国政法大学出版社2005年版，第128—129页。

护”，共10条。第1条，妇女（不含维斯塔贞女）终身受监护。第2条，处于监护下的妇女，若非其监护人同意，就不能适用要式物转移时效的有关规定。第3条，自权人有权以遗嘱的方式处分自己的财产，也有权以遗嘱的方式为家属制定监护人。第4条，死者最近族亲依法继承未经遗嘱处分、也没有当然继承人的遗产。第5条，未经遗嘱处分、且无当然继承人和族亲的遗产由死者宗亲继承。第6条，在遗嘱没有指定监护人时，其族亲拥有法定监护权。第7条，没有保佐人的精神病人，由族亲保护其身体和财产；没有族亲时，由宗亲履行保护职责。拥有财产的浪费人没有其财产的管理权，由其族亲拥有担任其保佐人的权利。第8条，未立遗嘱、且没有当然继承人的获释奴的遗产归其恩主所有。第9条，继承人按应继比例享有被继承人的债权，承担相应的债务。第10条，按遗产分析诉处理遗产分割问题。

二、老年人监护的内涵

通过对“监护”一词源起的回顾与审析，不难看出，所谓监护，是指对无民事行为能力人、限制民事行为能力人的人身、财产及其他合法权益进行保护的法律制度。[①] 虽然做法有所不同，但各国民事立法几乎都规定了对民事行为能力欠缺者设立监护人制度。一方面，由于无民事行为能力人、限制民事行为能力人缺少保护自己权利的能力，其权利易受到伤害，需要设立监护制度对其利益进行保护；另一方面，由于他们不可能完全承担民事责任，需要规定监护人为其承担民事责任，以维护社会的正常秩

① 江平主编：《民法学》，中国政法大学出版社2000年版，第111页。

序，保护他人的合法权益。

（一）老年人监护制度的概念

“老年人监护制度”是以年满60周岁且丧失民事行为能力的老年人为对象，在充分保障老年人意思自治的前提下，通过法定或者意定的方式，对老年人的人身、财产及其他合法权益进行监督、保护的一项民事法律制度。

1. 老年监护制度的适用对象

老年监护制度的适用对象，是指年满60周岁，在行为能力方面存有欠缺，不能辨认或是不能完全辨认自己行为的自然人。观念认为，个人行为的正确实施，是以每个人对其自身行为的正确判断与自由选择为前提的，个人只有在这种条件下实施的行为才是符合责任后果承担理论的。[①] 而自然人辨识能力的完善一般来讲是与每个个体的年龄增长呈现正相关，年岁的增加能够使得个体的辨识能力与认知能力不断发展完善。但是自然人的心智状况还会受到其他因素的影响。对于年老之人来说，年岁的增加使得他们的大脑等身体组织出现衰退，他们虽然早已超越民事法律所规定的成年年龄，但因心智的耗弱而导致的辨识能力与认知能力衰退使得他们无法如年轻人那样对周遭的事物进行精准判断、作出严谨的处理。对于这些无法独立承担自己行为后果的成年人，立法者创设了成年监护制度保护他们的合法权益，对他们的行为能力进行补足。

具体来说，《民法总则》规定的可以适用成年监护制度的自

---

① 王利明主编：《中国民法典学者建议稿及理由·总则编》，法律出版社2005年版，第48页。

然人有两类。一类是成年而不能辨认自己行为的自然人，另一类是成年且不能完全辨认自己行为的自然人。成年而不能辨认自己行为的自然人概念之中，“不能辨认”自己的行为所要表达的是，即使是面对普通的事物与行为，自然人也不能够做出正确的基本判断，也就是说，自然人对与其自身相关的普通事物与行为缺乏基本的判断能力。我们不能期待这部分自然人能够做出正常的保护自我的行为，理性的判断无法从这些自然人的大脑中得出。这一类不具有识别能力与判断能力，不能够辨认自己行为的成年人即《民法总则》第 28 条指称的无民事行为能力人。成年且不能完全辨认自己行为的自然人概念之中，“不能完全辨认”自己的行为所指的是，面对相对复杂的事物或是较为重大的行为，这部分自然人无法独立作出判断，他们对于可能的行为后果无法形成清晰的准确认识。这一类自然人相对无民事行为能力人心智状况更好，他们的事理辨识能力没有完全丧失，他们尚且可以参与一些基本的民事活动。但是基本民事行为活动参与的可能并不就使得他们能够在法律上获得与完全民事行为能力人相同的地位。与完全民事行为能力人相比，不能完全辨认自己行为的自然人在心智上仍有不足，他们不能够对自己周围存在的所有行为以及行为后果都作出合理准确的判断。这类自然人就是《民法总则》第 28 条指称的限制民事行为能力人。这两类成年人的最大区别在于他们的辨识能力不同，这也是他们的行为能力存有差异的原因。不能完全辨认自己行为的成年人并没有失去所有的事理辨识能力，他们还可以独立从事一定范围的社会活动，而不能辨认自己行为的成年人则远不及此。这也是立法者区分无民事行为能力的成年人与限制民事行为能力的成年人的原因。

在旧有的《民法通则》之中，成年监护的适用对象仅限于精神病人，但是《民法总则》对成年监护的适用主体进行了扩张，不再考察自然人是否罹患精神疾病，只是根据成年人心智的受损程度去判断成年监护制度是否适用，所以因年老而出现事理能力减退的自然人也可以得到这一制度的保护。[①] 值得一提的是，现行法律制度扭转了旧有制度过分强调保护市场交易安全的倾向，认可他们尚且残存的意思能力，承认成年障碍者的自我决定能力。

成年监护制度要求法律为这两类成年人指派监护人。适用监护制度的成年人可以从事与自己精神状况相适应的民事活动，即对于被监护人所实施的日用品购买或是与其日常生活相关的行为，法律承认其效力。不过对于限制民事行为能力人来说，他们能够独立从事的民事活动范围还要大于前者。除却立法对其行为能力施加限制的事项，限制民事行为能力人都可以独立行为。而受限事项则是应当由作为其法定代理人的法定成年监护人代为实

---

① 《民法通则》第 17 条规定：无民事行为能力或者限制民事行为能力的精神病人，由下列人员担任监护人：（一）配偶；（二）父母；（三）成年子女；（四）其他近亲属；（五）关系密切的其他亲属、朋友愿意承担监护责任，经精神病人的所在单位或者住所地的居民委员会、村民委员会同意的。对担任监护人有争议的，由精神病人的所在单位或者住所地的居民委员会、村民委员会在近亲属中指定。对指定不服提起诉讼的，由人民法院裁决。没有第一款规定的监护人的，由精神病人的所在单位或者住所地的居民委员会、村民委员会或者民政部门担任监护人。

《民法总则》第 28 条规定：无民事行为能力或者限制民事行为能力的成年人，由下列有监护能力的人按顺序担任监护人：（一）配偶；（二）父母、子女；（三）其他近亲属；（四）其他愿意担任监护人的个人或者组织，但是须经被监护人住所地的居民委员会、村民委员会或者民政部门同意。

施。[①] 但是，在监护人的授予与承认后，限制民事行为能力的成年人也可以从事前述事项。

2. 老年人监护制度的内容

老年人监护制度是以保护心智存有障碍的成年自然人为目的设立的制度，保护被监护人的人身权益与财产权益是这一制度的核心内容。[②]

（1）老年人监护制度首先以保护被监护人的人身权益为要义。所谓人身权指的是以自然人之生命权与健康权为核心的基本权利。个人的健康生存要求我们对每个自然人的人身权给予保护，所以对作为被监护人人身权核心的生命健康权进行保护应当是成年监护制度的内容。不仅如此，老年监护制度所适用的是心智存有缺失的自然人，即认知辨识能力存有障碍之人，期待认知辨识能力存有障碍的人在面临有害自身安全的情况下进行有效的自我保护不具有可能性。而在我们所生存的周遭环境之中，有害因素不可避免会存在，所以这些人的合法权益就暴露于危险之中。因而在成年监护制度之中，保护被监护人的人身权的理念应当居于首位。除此之外，成年监护制度应当保护被监护人的人格尊严。生活经验告诉我们，来自周遭环境的嘲笑、戏谑会使得个体内心的自卑情绪滋生，而心智的缺失又会给施加不轨之人提供把柄，所以产生极端心理活动也就不是意外。因此，保护被监护人的人格尊严应当蕴含于老年监护制度之中，这不仅是维护社会

---

① 《民法总则》第 23 条规定：无民事行为能力人、限制民事行为能力人的监护人是其法定代理人。

② 王嘉琦、刘淑波、檀再斌：《大陆法系老年人监护制度及启示》，载《长春理工大学学报（社会科学版）》2017 年第 30 卷第 2 期。

安全稳定的要求，更是对个体尊严的保护。

（2）老年人监护制度还以保护被监护人的财产权益为核心。行为能力的缺失使得被监护人无法独立参与与自身财产处分相关的民事活动。但是不能参加民事活动并不就意味着被监护人不能够对其自身财产拥有完全的权利。老年人监护制度通过授予监护人以代理权限，对被监护人的行为能力进行补足，以期待心智障碍人的财产权益能够通过这种方式获得保障。需要注意的是，监护人所享有的仅为代理权，尊重被监护人本人的真实意愿是其行使法律所赋予的职权时必须要考虑的内容。充分保护被监护人的合法权益，保障被监护人的财产不受侵犯是成年监护人的职责。由此可知，保护被监护人财产权益是老年人监护制度的核心。

3. 老年人监护制度的设立目的

老年人监护制度的设立，无论是对社会秩序的维护，还是对老年人自身权益的保障，都有着非常重要的意义。

（1）老年人监护制度以对被监护人的行为能力进行补足为目的。自然人生而享有平等的民事权利，这种权利的取得不因民事主体个人情况的不同而具有差异。这是民事权利能力的取得问题。但是能够实际享有这些权利，并在实践中使用这些权利，还需要考察民事主体的行为能力。自然人行为能力的取得有赖于其本人的心智状况的完善。享有完全的民事行为能力需要具备健全的心智状态，即只有能够完全辨识自己行为的自然人才能够被授予完全的民事行为能力，独立参与民事活动。也就是说，心智障碍人不能独立参与所有的民事活动，他们不能同绝大多数人一道享有等量的民事权利。而这涉及的是民事权利的实际取得问题。

针对自然人民事权利的实际取得的不平等事实，法律设置了一系列手段进行弥补。在成年监护制度之中，这一手段就是授予老年监护人一定的监护权限，允许监护人代理被监护人参与民事活动。通过对此一民事活动参与不能的弥补，使得心智障碍人原本落空的民事权利的实现成为可能，民事权利实际享有中的不平等状况得以改善。老年被监护人可以同正常人一道，游走于民事活动之中。

（2）老年人监护制度还以保护被监护之人的财产权益为目的。监护制度草创之初，就以财产保护为职能，即为防止未婚人、精神病人等不善管理财产之人给家族造成损失，成年监护制度被创设出来。被监护人财产权益的保护目的虽然随着经济社会的发展有弱化趋势，但仍旧没有退场，财产保护一直蕴含于成年监护制度的目的之中。此外，当今的社会生活环境也要求所有人都具有完全的处理个人事务的能力，能够对其自身进行保护。在民事活动无处不在的市场经济环境下，民事法律关系的主体可以是任意一个人。所以在存有不法侵害的情况下，自身事务独立处理不能之人是存在于危险当中的，他们的人身和财产权益有着更大的遭受侵害的可能性。因而，立法者期求通过老年监护人的代理行为维护被监护人的人身与财产权益。老年监护制度的出现，使得意思能力欠缺之人能够通过监护人的监护行为获得保护。

（3）维护社会秩序正常化也蕴含于老年监护制度当中。市场交易秩序的保障、社会秩序的安定有赖于每个民事主体依法合理地行使自己的权益。但是，心智欠缺的成年自然人的人身财产权利可能会因为其自身行为能力的不足而遭受他人滥用，而这又会使得市场与社会中的不安定因素增加。因此通过向老年监护人授予代理权限，使得被监护人的权益能够有所保障，会促使社会交易秩序获得稳定。因而立法者通过设立监护制度将被监护人的合法权益与维护交易安全同时置于保护之中的做法，也就使得老年监护制度具有了交易秩序的维护作用。

（二）老年人监护与其他概念的不同

1. 老年人监护与赡养

我国关于赡养的规定，主要在《婚姻法》和《老年人权益保障法》中。根据《婚姻法》第21条和《老年人权益保障法》第14条的规定，笔者认为，赡养主要是指成年子女对老年人进行经济上的供养、生活上的照料以及精神上的慰藉。赡养和老年人监护都是针对老年人这一主体的，二者有以下几点不同：

（1）对老年人进行监护的主体十分广泛，不仅有自然人主体，还包括民政部门等社会组织。监护人不受限于亲属关系的范畴。承担赡养责任的主体一般都是老年人的成年子女等有赡养义务的人，主要是晚辈对长辈的赡养。赡养立足于亲属血缘关系。

（2）老年人监护制度具有弥补老年人行为能力不足的功能。监护人照顾、管理老年人的人身和财产事务，代理老年人进行民事法律行为，帮助老年人在身体和精神存在某些障碍的情形下仍然能最大限度地、有尊严地融入社会生活。赡养制度主要是由赡养人为老年人提供经济上的支持、生活上的照料和情感上的抚慰。赡养制度主要是由赡养人负担义务，保障老年人的晚年生活有所倚靠。赡养人在不是老年人法定代理人的情形下，不能管理老年人的财产，无权代理老年人处理事务。

（3）老年人监护制度是一个具有比较完善的法律构造的民事

法律制度。在一个监护法律关系中，既包括监护主体、监护内容等静态要素，还包括监护的开始、变更和执行等动态要素。为了充分保障老年人监护制度的顺利运行，在老年人监护制度中还设置了监护监督制度。而赡养立足于家庭伦理观念，主要是强调家庭关系中的成年子女对年老的父母应尽的一种义务。以法律的形式将这种义务固定下来是为了促使成年子女履行这种更偏重于道德的义务，保障老年人能够老有所依。所以，法律在规定赡养义务时，无法事无巨细地对赡养内容进行规定，怎么样算是尽到了赡养义务也没有明确的标准，也不可能规定一套完整的程序。

2. 老年人监护与代理

代理是代理人依据代理权，以被代理人的名义与第三人实施民事法律行为，直接对被代理人发生效力。代理是民法中不可或缺的，以补充、扩张私法自治为根本目的的制度。从代理制度的起源上看，罗马法中的代理最早发生在监护领域。根据我国民法中对监护和代理的规定，监护人与法定代理人的身份会存在重合。监护事项与代理事项在一定范围内也会有重合。但是，老年人监护和代理之间存在显而易见的差别。

（1）老年人监护的范围包含人身和财产等各个方面，监护人不仅要在特定情形下代理老年被监护人处理与第三人之间的外部关系，最重要的是对老年人进行日常生活照料、身体健康管理等。代理的范围仅仅局限在民事法律行为，代理人的行为要在被代理人本人身上产生权利义务关系。并且，代理的事项大都是财产行为，涉及人身性质的民事法律行为一般不得进行代理。

（2）代理制度中只涉及被代理人、代理人、第三人三方主体。代理人从事代理行为存在超越代理权限，侵害被代理人本人利益等行为时，一般情形下只能由被代理人本人或相关利害关系人采取诉讼等事后救济的方式来保障权益。在老年人监护制度中，存在监护监督人这一主体，在从监护人选任开始的整个监护过程中都起着保障被监护人权益的作用。监护监督制度的存在也使老年人监护制度染上了公权力的色彩，这也是监护与代理的不同之处。

3. 老年人监护与遗赠扶养协议

遗赠扶养协议，是指遗赠人与扶养人之间签订的协议。协议约定由扶养人对遗赠人承担生养死葬的义务，而遗赠人死后将指定的财产遗赠给扶养人。遗赠扶养协议使得老年人能够自主选择自己的扶养人，是保障老年人晚年生活能有所依靠的一种缓解养老问题的方式。遗赠扶养协议制度以遗赠人与扶养人之间签订的协议为基础，而老年人意定监护制度以意定监护合同为基础，两者都是建立在契约基础上的，制度设立的目的也都是保障老年人的晚年生活，有一定的相似之处。但是老年人监护制度与遗赠扶养协议制度是两种不同的制度。

第一，从主体上说，遗赠扶养协议中的扶养人只能是自然人或集体所有制组织，并且与遗赠人之间具有法定继承关系、有法定扶养义务的人不能成为扶养人。而老年人监护制度的监护人范围没有上述条件的限制，监护人范围十分广泛，可以是自然人、社会团体、国家公权力机构，甚至可以是社会上专门从事监护的法人组织。

第二，从内容上说，在遗赠扶养协议中，遗赠人与扶养人互负对待给付义务。扶养人负担遗赠人生前的扶养以及死后的安葬义务，遗赠人负有死后将协议中指定的财产遗赠给扶养人的义务。遗赠人的遗赠义务以扶养人认真履行扶养义务为前提。为了避免扶养人道德投机，一般来说，扶养人只是承担对遗赠人日常生活的照料、身体健康的管理等事项，对遗赠人的财产没有管理和处分权限。而在老年人监护制度中，老年人法定监护制度中的被监护人一般来说不承担对待给付义务，意定监护制度中双方的义务要看意定监护合同的具体规定。并且老年人监护制度中的监护人既要帮助老年人处理人身事项，对老年人的财产进行管理，还要代理老年人从事某些民事法律行为。

4. *老年人监护与成年人监护*

成年监护制度是指针对无民事行为能力或是限制民事行为能力的成年人设立的监督与保护制度。[①] 即是面向那些虽已达到民事立法所规定的法定成年年龄，但是在行为能力方面仍旧存有欠缺，[②] 不能辨认或是不能完全辨认自己行为的自然人设立的监督保护制度。

现代成年人监护制度对老年人的保护以意定监护为主要表现形式，即老年人在有行为能力时，为自己选任监护人，并将自己的人身照顾和财产管理等事宜委托给监护人，待老年人丧失行为能力后，由监护人按照老年人的意愿处理相关事宜。

---

① 《民法总则》第 28 条规定：无民事行为能力或者限制民事行为能力的成年人，由下列有监护能力的人按顺序担任监护人：（一）配偶；（二）父母、子女；（三）其他近亲属；（四）其他愿意担任监护人的个人或者组织，但是须经被监护人住所地的居民委员会、村民委员会或者民政部门同意。

② 《民法总则》第 17 条规定：18 周岁以上的自然人为成年人。不满 18 周岁的自然人为未成年人。第 18 条规定：成年人为完全民事行为能力人，可以独立实施民事法律行为。16 周岁以上的未成年人，以自己的劳动收入为主要生活来源的，视为完全民事行为能力人。

现代成年人监护制度对成年身心障碍者的保护以支持决策为主要表现形式，即通过对行为能力欠缺的成年人提供支持，使其能够对自己的事务做出决定。当然，老年人和成年身心障碍者有交叉的部分，有些老年人是身心障碍者，成年人监护制度中的老年人仅指有完全行为能力的老年人，行为能力欠缺的老年人则归属于成年身心障碍者。①

三、老年人监护的性质

老年人监护制度隶属于监护制度中的一个类别，老年人监护制度的性质与整个监护制度的性质是一样的。

（一）学界观点之介绍

对于监护的性质，学界观点众多，其中最主要的有四种，分别是权利说、义务说、权利义务一体说和职责说。

权利说立足于《民法总则》的规定，认为监护权是法律赋予监护人在自身意志的支配下，通过自己的行为处理被监护人事务，对被监护人进行监督和保护的一种权利。虽然说监护人这种权利要建立在保障被监护人的合法权益，不侵害被监护人本人及他人利益的基础之上，但是并不能改变其权利的本质。因为不论何种权利都是有一定的行使边界的。所以说监护人依法履行监督、保护被监护人的职责其实就是在行使他的权利。②

义务说主要是先说明权利的本质，然后再进一步论证监护

① 王竹青：《论成年人监护制度的最新发展：支持决策》，载《法学杂志》2018年第3期。

② 杨立新：《民法总则》，法律出版社2013年版，第225页。

不符合权利的本质。权利的最根本目的就是要权利人获得利益，而综观《民法通则》和《民法总则》，都只是对监护人的职责进行了规定，并没有赋予监护人任何利益。并且法律还对监护人的辞任作出了严格限制。所以说，监护不是一种权利，而是一种义务。①

权利义务一体说认为，监护是权利与义务的融合，是以义务为前提和中心的权利。首先，监护是权利，它赋予了监护人在自身意志的支配之下作出某种行为的权利。但是这种权利却有前提和条件，监护人的所有行为必须是为了维护被监护人的福祉，一旦成为监护人，他们就必须遵循法律所规定的监护职责。②

职责说认为，现代监护制度设立的初衷和根本目的就是保护被监护人的权益，维护被监护人的福祉。监护并不是一种获取权利的手段或工具，它是不具有绝对支配性的。监护制度的设置是为了保护被监护人人身、财产等合法权益，使被监护人的利益不受到侵害，同时监护制度也起着维护交易安全的作用。监护人之所以被赋予了依法履行监护的权利，实际上是为了他们能够做好辅助者、帮助者的身份，是为了他们能更好地履行职责。并且监护人如果不履行监护职责还会被科以责任。监护制度名为权利，实为职责。③

（二）学界观点之评析

比较分析上述观点，笔者认为将监护的性质定义为一种职责更加合适。监护制度设立的最本质目的是保障被监护人的利益，

---

① 彭万林：《民法学》，中国政法大学出版社 2011 年版，第 88 页。

② 王利明：《人格权法新论》，吉林人民出版社 1994 年版，第 204 页。

③ 梁慧星：《民法总论》，法律出版社 2011 年版，第 108 页。

监护人只是以辅助者或帮助者的身份出现的，他们要做的是履行自身的职责，保护被监护人的利益不受侵害。即使监护人享有一些权利也不能改变监护作为一种职责的本质。将监护定义为职责，既能体现出监护人享有一定程度的权利，同时也体现出履行监护行为的义务性。另外，伴随着社会老龄化的加深以及传统养老模式的转变，单单依靠亲属或是家庭的私立监护已经不足以解决当前老年人监护的巨大需求，国家公权力开始介入老年人监护制度中来，并在监护人的选任、监护监督等方面发挥着不可替代的作用，甚至在一定情形下作为监护者的身份存在。所以说，监护也逐渐成为社会和国家的职责。

四、老年人监护的类型

根据权源的不同，老年人监护分为法定监护和意定监护两种类型。

（一）法定监护

何谓老年人法定监护制度，法律没有明确的规定，理论界目前也无统一的认识。学者们更多是对成年监护制度作出界定。“成年监护制度的设立乃是为了保护意思能力不足的成年人”①，属于“司法领域的制度，应该尊重私法自治”②，是“对无民事行为能力和不完全民事行为能力的成年人的人身、财产及其他合法权益进行的监督和保护的制度”③。

---

① 刘得宽：《新成年监护制度之检讨》，载《法学丛刊》1997 年第 4 期。
② 史尚宽：《亲属法论》，中国政法大学出版社 2010 年版，第 20—22 页。
③ 李霞：《民法典成年人保护制度》，山东大学出版社 2007 年版，第 30 页。

从该制度设置的立场和目的出发，本书认为，老年人法定监护是基于法律的规定，对年满 60 周岁行为能力欠缺的成年人，进行协助、监督和保护的制度。

（二）意定监护

意定监护制度是各国在顺应人口老龄化的过程当中所探索出的一种监护制度。之所以称之为意定监护制度，是因其在学理上与法定监护制度相对应。意定监护制度在不同法系中的名称各有不同，如在英、美法中被称为“持续性代理权授予制度”①，指本人以书面方式选定代理人，在本人无民事行为能力或者欠缺民事行为能力时代理人开始执行约定的事项，其权限持续有效，不因本人的精神状态和行为能力而改变，除非契约明示了代理结束的时间；在属于大陆法系的日本，该制度则被称为“任意监护（后见）制度”②，指具备完全意思能力的本人将自己的部分或者全部事务（包括但不限于财产和生活疗养等事项）的管理、处分权在自己丧失或部分丧失民事行为能力时交给本人所信赖的人，并与之签订书面监护合同且附加条件，在任命监护监督人的同时产生契约效力的特约合同。

当前关于该制度的理论、学说大都散见于学术期刊或论文中。有观点认为意定监护制度“是指年满十八周岁的成年人，在本人具有完全意思能力时，依本人的意思选任监护人，并与选任监护人订立委托监护合同，由本人将自己的监护事物全部或者部

---

① 美国的意定监护制度全称为 Durable Power of Attorney，英国为 Enduring Powers of Attorney Act，通常都翻译为“持续性代理权授予制度”，但也有不少学者将美国的意定监护制度翻译为“永久性”代理权授予制度。

② 参见《关于任意监护契约的法律》第 2 条。

分委任于其选任的监护人，并授予其必要的代理权限，该制度由两部分构成：一是委托监护合同，该部分为意定监护制度的核心；二是意定监护监督制度，以委托监护合同为基础，为防止意定监护人滥用权限而加设的公权力担保，即由法院选任监督人的公力监督制度”①。

本书认为，老年人意定监护制度是指年满 60 周岁具备完全民事行为能力的成年人，通过书面合同的形式，预先为本人行为能力不足时的部分或者全部事项（包括但不限于财产管理、疗养看护、医疗、教育等事项）做出符合自己意愿的安排，当出现本人的行为能力不足以处理契约约定的事项时，受托人即成为本人的监护人，代理本人管理、处分约定的事务或照护本人，并由本人选任的监督人和公权力机关共同对监护人实施的监护行为进行监督的制度。

1. 意定监护制度与法定监护制度

二者的区别在于，决定监护关系发生的原因不同。法定监护是以意思能力和精神状况来明确其行为能力的范围以及大小，是依法对因智力、精神、身体残障等原因而不能独立管理自身人身和财产事项的成年人的保障制度。其设立以及监护的内容都必须依照法律规定；意定监护制度是依据监护合同中双方当事人的意思合意来设立权利义务关系，是本人提前对于自己将来由于意思和判断能力不足而无法管理自己的人身、财产等事务而设定的一种制度。意定监护制度的创设既符合监护制度设立的目的，又符合国际人权保障的理念。需要注意的是，法定监护与意定监护出

① 李霞：《意定监护制度论纲》，载《法学》2011 年第 4 期。

现适用竞合时，域外各国的通常做法是，意定监护制度优先适用。

2. 意定监护制度与委托代理合同

委托代理合同是由委托人与受托人签订合同，当受托人与相对人在约定的授权范围内为法律行为时仍然以委托人的名义进行，其法律效果最终也归于委托人的一种形式，其本质上只是一种合同关系。意定监护制度中的委任合同与委托代理合同存在诸多相似之处，且委托代理在客观上也可以弥补行为能力的欠缺，但二者还是存在区别：首先，意定监护制度是有因行为，是本人未雨绸缪，为自己未来可能会出现丧失行为能力的情况做准备，与受托人签订委任合同，将代理权授予受托人，而委托代理合同则无须原因，仅将一件事或一定范围的代理权限授予受托人；其次，意定监护制度中的委托代理合同在生效前是本人与受托人之间的对内关系，生效后则为对外关系，而委托代理合同则不分生效前后，属于委托人与相对人之间的对外关系（此时不分隐名代理情况）；最后，引入公权力的监督也是实施意定监护制度的一大特点，而委托合同几乎不存在介入公权力的监督的必要性，一般情况下，当事人无暇处理事务时才会委托他人代为处理且一般为私意行为不关乎人身事项，对于这种代理行为而言，委托人自己就能够有效进行监督或自己寻求法律救济，即委托合同不能从根本上解决本人丧失行为能力后的监护问题。如果说适用委托代理合同来订立监护契约，那么在缺乏监督的情况下，委托人想要侵害受托人的权益是轻而易举的，且其是否能够排除法定监护的适用在法律上也尚无定论。

3. 意定监护制度与委托监护制度

委托监护通过契约的方法，监护人将自己所应该承担的监护职责的全部或者局部委托给本人之外的第三人，由该第三人担任监护人形成的监护，接受委托的人本应该是没有监护资格的人。严格意义上来说，委托监护并不是一种独立的监护类型，仅仅是监护权利义务的转移，委托人与受托人之间的关系并不是因监护契约而引起的，而只是普通的委托代理契约关系。监护人与被监护人的监护关系不受委托代理关系的影响，受托人只是作为监护人的代理人的身份暂时履行监护人所承担的监护职责，由此所产生的民事责任后果一般情况下由监护人自行承担，无须受托人承担，除非其确有过错。从以上规定可以看出，委托监护契约的实质只是一种合同关系，被监护人并不参与到委托代理合同双方当事人即监护人与受托人之间的契约关系之中，监护人将自己应履行的部分抑或是全部监护代理职责交由该契约的相对方。在委托监护关系中受托人仅仅是以监护人代理人的身份而存在，其与本人之间不存在任何法律关系。而成年人意定监护制度，是本人与受托人（监护人）之间形成委托关系，受托人是本人的代理人，是为充分实现本人最大限度内的意思自治而设立。两者之间的差别主要在于本人的意思自治是否得到充分的尊重，委托监护中本人无法直接与受托人之间形成法律关系，本人没能亲自表达自己的委托意愿，与委托监护相比，意定监护制度充分尊重了本人的意愿和自我决定权。

五、老年人监护制度的功能

功能，指人、事物、机构所应有的作用。老年人监护制度有助于应对老龄社会意思能力减退或丧失的老年人越来越多的实际，尊重和保障失能老人的权利。随着年岁的增加，老年人的判断能力与认识能力不可避免地会出现衰退，社会上层出不穷的新事物更会使得他们感到困惑迷茫，新闻报道中老年人遭受诈骗而财产受损的消息层出不穷。一些不法之徒以金融前沿概念为诱饵，许之以高回报率，将不少老年人的积蓄洗劫一空，遭遇骗局的老年人就这样失去了本应富足的老年生活。此外，空巢老人无人照料，养老无从保障的现象也值得我们关注。① 面对这些现实生活中存在的问题，对认知能力出现欠缺的老年人的个人事务进行辅助与管理，帮助意思能力受损的他们形成或实现意思决定，为其民事权利的实现提供保障，促使他们能够安享晚年生活显得尤为必要。② 老年监护制度即具有这一功能。

（一）老年人监护制度的设立有助于未雨绸缪，弥补老年人行为能力之不足

老年痴呆人数与老龄人口的人数成正比，老龄人口的剧增势必导致老年痴呆人数的剧增。国际老年痴呆协会中国委员会副主席许贤豪指出，随着我国老年人口数量和所占比例不断提高，老年痴呆症发病率每年以1.3%的速度递增，65岁以上人群中老年痴呆发病率达5%以上，也就是说，65岁以上老人中，每20个老年人中就

---

① 常媛、胡向阳：《由一则案例引发的对成年人监护制度设立的必要性思考》，载《法制与经济》2014年第12期。

② 周韵曦：《婚姻家庭法政策要回应社会现实——专访北京大学法学院教授、中国法学会婚姻家庭法学研究会副会长马忆南教授》，载《中国妇女报》2014年10月22日，第A03版。

有1个老年痴呆症患者[①]。另据国际老年痴呆协会中国委员会提供的信息：保守地估计，全国有老年性痴呆患者600万以上。

自然人的民事权利能力因出生获得并且一律平等而不存在差异，但是自然人的民事行为能力的取得则是基于其他因素，只有符合民事法律所要求的完全能够辨识自己行为的自然人才能够有法律赋予完全的民事行为能力。也就是说，只有心智健全之人才能够被赋予，完全的民事行为能力只归于他们。然而民事行为能力的享有是民事行为能力实现的前提，民事活动的独立参与有赖于自然人民事行为能力的取得。所以行为能力存有欠缺的成年人在独立参与民事活动上出现了困难，他们不是完全民事行为能力的实际享有者。针对这一困境，法律创设了成年监护制度。立法者要求成年监护人从被监护人的实际利益出发，依据老年人在未丧失意思能力之前作出的意思表示或依据常理，从最大限度维护被监护人利益的角度出发，探寻心智障碍成年人的真实意思。要求成年监护人使用代理、同意或是辅佐等方式帮助被监护人参与民事活动，对被监护人欠缺的行为能力进行补足。被监护人的物质与精神需求可以因此得到满足，成年行为障碍人的权利也不会因意思能力的欠缺而出现落空。

（二）老年人监护制度的设立有助于老年人人身与财产权益的保护

法律以承认、确定、实现与保障民事主体的利益为其任务或作用。在当今社会之中，民事活动无处不在，所有人都能够成为

---

① 《中国老年痴呆患者每年增加30万人》，载《德阳晚报》，http：//dywang.cn/news/jiankang/2013－09－24/49283.html，访问日期：2020年1月11日。

民事法律关系的主体。因而在存有不法侵害的情况下，意思能力障碍之人很容易遭遇不法侵害。面对心智障碍之人，老年监护制度以其特有的调整方法，设立监护人，对被监护人的人身与财产权益进行监督管理。监护人能够行使撤销权，撤销被监护人所为的超越其本人意思能力的行为。在被监护人遭受侵害时，监护人可以凭借代理人的身份要求致害人承担侵权责任。除此之外，相关社会服务机构还能在监护人出现缺位时充任监护人，由此被监护人的人身财产权益就有了充分的保护。

（三）老年人监护制度的设立有助于正常交易秩序的维护

现代社会的民事活动是根植于市场经济的纷繁多样的交易关系。在市场经济之中，每个个体都不是孤立存在，市场关系中的主体因民事活动而相互交融。不仅如此，市场经济中看似简单的主体相对、客体清晰、内容简单的民事法律活动实际上却涉及多重民事法律关系，也就是说，多方利益牵涉其中。所以说，每一个相对的法律关系虽然是市场经济网格中的一个相对独立的点，但是在实际操作上，却牵一发而动全身。因而保障每个民事主体能够正常地参与民事活动，确保每项民事关系都能够合法有效成为必需。成年监护制度的有效实施能够满足市场经济的这一要求。首先，交易秩序的安全稳定因成年监护人对被监护人财产的管理与民事活动的代理而居于应然的保障之中。其次，针对可能发生的对意思能力欠缺的成年人实施的侵害行为，监护人可以行使监护职责所赋予的管理与规制权限，对被监护人进行约束。如果被监护人行为给第三人造成了损害，第三人可以因监护人损害赔偿责任的承担而获得补救。所以说老年监护制度具有维护交易秩序正常化的功能。需要指出的是，现代老年监护中的交易秩序维护功能并不完全否认老年被监护人的意思能力，即现代老年监护制度是不同于此一制度发展早期被监护人意思能力因维护交易安全的需要而被全盘否认的做法的。因为对被监护人意思能力的盖然否认与现代法律所强调的人权保障原则背道而驰，被监护人残存的意思能力在现代法律之中是受到尊重的。也就是说，现代化的成年监护制度，针对被监护人心智衰弱状况的不同，为被监护人保留相应的权利，实现了对自然人意思能力的尊重与交易安全的保护的双重兼顾。

（四）老年人监护制度的设立有助于社会保障功能的发挥

无民事行为能力或限制民事行为能力的成年人因心智存有障碍而处于弱势地位。这类人的权益更易受到不法侵害，更需要得到法律的救济。而针对意思能力存有障碍的老年人设立的老年监护制度就具有照看与管理心智耗弱之人的人身与财产权益的功能，立法者设想成年被监护人的人身与财产权益能够通过监护人所实施的代理行为得到保障。老年监护人为被监护人利益实施的代理行为，使得被监护人能够参与到与其日常生活密切相关的民事活动中，而这关涉到被监护人基本生活需要的实现问题。同时，老年监护人对被监护人，尤其是年老的心智耗弱之人的生活进行的照顾，为解决老龄人养老问题提供了一种方法。具体来说，老年意定制度使得老龄人可以在自己精神状态尚且良好之时选择监护人，为自己日后可能出现的心智衰弱的状况施加预先的保障。法定老年监护制度则可以强制负有监护职责的自然人，一般是老龄之人的亲属，照看心智衰弱的老年人。当老人无法从前述享有监护权的主体之处获得照护时，法定的相关社会机构应当承担监护职责。也就是说，老年监护制度能够为监护关系的主体与客体标识明确的权利义务关系，老年被监护人的合法权益能够因监护人监护职责的良好履行而有所保障。此外，明确的权利义务关系还可以避免扶养人间赡养争议的发生。从更为广阔的角度讲，人口老龄化背景下的老龄人养老问题的妥善解决，有利于民心的安定与社会的稳定。

（五）老年人监护制度的设立有助于彰显法律的人权价值

人权指的是每个个体依据其自然属性与社会本质而享有的权利，这种权利生而有之，每个人不因种族性别的不同而在此权利的享有上存有差异。尊重与保障人权是“二战”后国际社会发展的一个主题，也是我国社会主义民主政治建设的目标与导向。一个国家人权的发展状况是以一国所有的人权标准体系为依据的，每个国家的法律规范又是国际人权标准实现的保障。作为国家根本大法的宪法，在2004年修正时将“尊重与保障人权”这一原则写入，这是我国人权保障标准提升的体现。但是具有概括性与抽象性的宪法原则需要具体的部门法规范来落实。民法是重要的部门法，在尊重与保障人权目标的实现中有着重要的作用。民法需要将人权保障理念浸入法律规范当中，通过严格的程序实现法律运行过程中的人权保护要求。这就是说，民事法律规范中的具体规定必须包含尊重与保障人权的基本原则。成年监护制度就是如此，以当事人意思自由为中心的成年意定监护制度，以及在监护人选任中处处考量被监护人意愿的法定成年监护制度就是人权保障原则落实的具体体现。所以，成年监护制度是应对我国人口老龄化困境的措施之一，这一制度所彰显的人权价值符合当今时代的主题。不过，赋予了美好愿景的制度需要制定完备的立法规定来落实。

六、老年人监护制度的发展趋势

20世纪60年代之后，监护制度进入现代发展阶段。受国际人权理念的影响，再加上老龄社会的冲击，尊重自主决定权，维持生活正常化等先进理念逐渐成为行为能力欠缺者人权保障的准则。在这些先进理念的影响之下，成年监护制度呈现出新的特征。

（一）以支持决策[①]为立足，尊重自主决定权，确立有限监护原则

许多国家都逐渐废除了禁治产宣告制度，成年监护制度不再

---

① “支持决策”是联合国《残疾人权利公约》第12条确立的保护身心障碍者的法律原则，是成年人监护领域出现的新理念及新措施。《公约》确立残疾人在继承财产、管理财务、获得银行贷款等金融业务方面享有与他人一样的平等权利，确保残疾人的财产不被任意剥夺。支持决策的立法目的是使残疾人在他人的支持下对自己的事务做出决定，从而使残疾人享有与非残疾人一样的尊严与自由，在法律面前获得平等承认。继持续性代理权（意定监护）作为监护的替代措施被世界上大多数国家立法采纳后，支持决策作为监护的另一个替代措施出现在世人面前。作为一个已经席卷了残疾人世界的概念，支持决策在采纳和适用方面仍处于初级阶段。目前对支持决策的概念界定尚无通说，但美国学者罗伯特·迪内斯坦（Robert Dinerstein）的定义有一定的代表性，他认为支持决策可以被视为一系列的关系实践、安排和协商，采用正式或非正式的程序，使残疾人在他人的支持下对自己的事务做出决定。支持决策既是一种理念也是一种措施。作为一种理念，它与自主决策（self - determination）、替代决策（Substitute DecisioMaking）共同构成了成年人监护的指导思想。作为一种措施，它已经成为很多国家尝试解决残疾人权利保护问题的手段和方法。（王竹青：《论成年人监护制度的最新发展：支持决策》，载《法学杂志》2018年第3期）

（Robert Dinerstein，Esme Grant Grewal，Jonathan Martinis：Emerging Intemational Trends and Practice in Guardianship law for People with Disabilities，Intemational Law Students Association Joumal of Intemational & Comparative Law. 2016，22：460.

Robert Dinerstein：Implementing Legal Capacity Under Article 12 of the UN Convention on the Rights of Persons with Disabilities：The Difficult Road from Guardianship to Supported Decision - making，Human Rights Brief. 2012，199.）

以禁治产宣告制度为前提。现代成年监护制度不再采取完全剥夺被监护人本人的行为能力，对被监护人事务大包大揽的全面监护模式。相反，以活用被监护人残存意志为前提，只在必要的时候，在最低限度内干预被监护人的事务，从而确立有限监护模式，以期能够给予被监护人最大限度的自主决定自身事务的权利。

（二）多管齐下，保护措施的多层次、多种类

由于不同的被监护人残存的行为能力是不同的，为了充分尊重被监护人的意志，针对不同的被监护人残存的行为能力设置了多层次、多种类的保护措施。例如，瑞典设置了特别监护、管理监护的二元保护模式，法国设置了司法救济、监护、财产管理的三元保护模式。

（三）私法自治优先，意定监护兴起

意定监护是在被监护人有行为能力之时，依照自己的意思表示优先选择监护人并指定监护的具体事项，当自身丧失行为能力或意思表示能力时，由指定的监护人接手约定的监护事项，并辅之以监护监督的制度。对比法定监护制度，意定监护制度充分体现了个体的特殊性，打破了法定监护的僵化性，充分尊重被监护人的个人意愿及意思自治。

意定监护兴起，并凭借其优越性逐渐超越法定监护，从而使现代监护制度发展为意定监护为主法定监护为辅的新体系。

（四）国家公权力的适度干预

现代法视野下，监护不再被视为家族内部事务，国家公权力介入监护制度中，使监护制度呈现出愈加明显的社会化趋势。法

律更全面地介入监护关系，更多地尊重被监护人的意志，更细致地区分被监护人的需求，为生活中的弱者提供更人性化的保护和支持，确保他们与其他人平等地实现法律赋予的权利。

（五）人身监护日益受到重视

传统的成年人监护制度通过对被宣告人的财产行为能力的限制，来保护被监护人的财产利益，禁治产和准禁治产宣告制度的主要内容就是禁止本人对财产的管理和处分。但是，对于行为能力欠缺的被监护人而言，财产管理不是独立的，财产管理一定要和人身监护相结合对其本人才有意义。所以，财产管理应该是为了人身监护的财产管理，为了提高要保护者的生活质量的财产管理。特别是对于老年人来说，他们的体力也和脑力一样随年龄的增长而逐渐衰退，日常生活中更需要他人的帮助和照料，禁治产宣告制度没有为这些需要者提供恰当的保护和救济手段，不能不说是一种缺憾。改革后的成年人监护制度，贯彻了重视人身监护的理念，加强了对被监护人人身方面的法律救济，使新成年人监护制度以人身监护为中心，以财产管理为副次。如德国的成年人保护制度，明确规定了照管人的任务包括对被保护人的疾病或残障的治疗；被保护的对象也不再限于行为能力欠缺的成年人，即使行为能力尚存，但身体残疾而致全部或部分不能处理其事务的，也可以申请设置保护人。日本修改后的民法明文规定，成年人监护人的任务包括日常生活等事项的监护，即对本人生活的看护、监护及财产管理。

第三章　我国成（老）年人监护制度的立法考量

制度是历史的范畴。我国老年人监护制度的确立，经历了从无到有，从借鉴到本土化的过程。本书将从我国养老制度历史考量的梳理中，探究老年人监护制度的旨趣所在，并就得失进行分析。

一、我国养老制度的历史考量①

自上古夏商周三代开始，我国就有了十分规范的养老制度。

（一）中国优良的养老传统和制度安排

《礼记·王制篇》载："凡养老，有虞氏以燕礼，夏后氏以飨礼，殷人以食礼，周人修而兼用之……五十不从力政，六十不与服戎……八十者一子不从政，九十者其家不从政……"

上述主要是上古时期的夏、商、周三朝对家庭养老模式作出的规定，这一时期还提出了国家养老理念。能享受国家养老待遇的主要是四类老人：一是相当于公民道德楷模的"三老五更"；二是相当于烈士家属的"家中之老"；三是相当于离休老干部的

① 该部分内容引自韩生学：《大国养老》，载《啄木鸟》2019年第3期。

“致仕之老”；四是相当于五保户的“庶人之老”。

周代起还实施了养疾之政。在官府编制中专设“掌病”一职，负责给老人“问病”。据《管子·人国》所述，掌病要定期看望老人，定期进行检查：有公职者，70 岁以上 3 天一问；80 岁以上 2 天一问；90 岁以上每天一问。对民间老人，每 5 天问一次。对于患重病的老人，掌病要及时向国君汇报，国君会安排出时间，亲自前去看望老人。只是到后来，这项制度名存实亡。此时期还对不孝顺老人者判重罪。比如夏朝，凡不赡养老人、殴打辱骂老人、不给老人吃饱穿暖、老人生病不细心照料等都在不孝之列，要受到处罚，处罚方式包括脸上刺字、割鼻子、斩脚、死刑等。

秦朝虽然统治时间短，但对养老制度的安排毫不含糊。《秦律》规定：凡是殴打、虐待 60 岁以上的祖父母、曾祖父母的子孙，要将其流放或处死刑。

汉朝是中国古代养老制度形成和发展的重要时期，推出了一套相对完备的制度，特别是对家庭养老，有着极严的规定和要求，对父母、祖父母等长辈不敬不养，在汉朝系重罪。为保证家庭养老的落实，汉律规定，不赡养老人者或被弃市。汉朝将“老人”的标准提前了 4 岁，据《汉旧仪》载，“未二十三为弱，过五十六为老”，即到了 56 岁就算老人。56 岁以上的人，即可享有相应的老人保障权益，如免除税赋。汉朝规定，13 岁至 56 岁的成年男女，每年要缴 120 钱人头税，到了 56 岁，就可免缴这笔钱。对于 90 岁的老人，甚至连家属都可以享受免除赋役的待遇。除了减免税赋，朝廷每年还会直接给民间老人（庶老）发放食物。如汉文帝刘恒即位当年即下语：80 岁以上的老人，每月赐米

1石、肉20斤、酒5斗；90岁以上的老人，每人每年再加赐帛2匹、絮3斤。

汉朝最让老人有尊严的制度，应是“鸠杖”。鸠杖，又叫“王杖”，顾名思义，是帝王赐予老人使用的拐棍，它是一种特殊权力的象征。西汉颁布的《王杖诏书令》规定，持有“王杖”的70岁以上的老人，享受特殊的生活和政治待遇，比如，70岁以上老人即使触犯刑律，只要不是首犯就可以免予惩罚，同时，对于无亲属的老人、病弱的老人，也都有明确的照顾规定。所以有学者称，《王杖诏书令》应为中国最早的“老年人保护法”。

魏晋南北朝时期，养老制度出现了新的突破。北魏首创了“存留养亲”制度，此制度一直影响到晚清。存留养亲是一种司法缓刑制度，如果死囚、流刑犯的家中有直系血亲需要照顾，准许死囚在家“侍亲缓刑”、流刑犯在家“权留养亲”，等家里老人去世后再服刑。

此时期还建立了真正意义上的养老机构“孤独园”。521年，南朝的高寿皇帝梁武帝萧衍在都城建康（今南京）创办了“孤独园”，既收养无家可归的孤儿，也收养无人赡养的老年人，并且负责为老年人料理后事。“孤独园”可以看成中国历史上最早的养老院。

至唐朝，养老制度备受皇帝重视。仅据《册府元龟》上所列资料统计，唐朝各位皇帝下发有关养老诏令的次数就多达73次，其中以唐太宗为最，在位23年，下“养老诏”28次。

唐代继承了汉代给老人“赐杖”“免税”等诸多做法。据《唐大诏令集》，唐太宗在“即位放”中特别提出，“八十以上各赐米二石，绵帛五段；百岁以上各赐米四石，绵帛十段；仍加版授，以旌尚齿”。所谓“尚齿”，就是尊老的意思。唐朝还曾有过一项“补给侍丁”制度，官府免费给民间老人安排护工（侍丁）。开元七年（719 年）户令规定的配给标准是：“凡庶人年八十及笃疾，给侍丁一人，九十给二人，百岁三人。”开元二十五年（737 年），给百岁老人的护工增至 5 名。

唐代甚至还出现了“精神养老”一说。当时，流行一个名词叫“色养”。所谓“色养”就是奉养父母时要和颜悦色，不能让老人不开心。一代名相房玄龄不只为臣称职，赡养老人方面也是道德楷模，“色养”老人极为到位，《贞观政要·孝友》称，房玄龄“事继娘，能以色养，恭谨过人”。唐律还规定：“诸祖父母、父母在，而子孙别籍异财者，徒三年。”意思是，如果家中有老人，子孙不能远走他乡，要待在老人的身边，否则要被治罪，此项规定较好解决了古代的“空巢”现象。

到了宋代，养老制度更加完备，建立起了家庭养老、宗族养老、慈善养老、互助养老、国家养老等多层次的养老体系。为支持家庭养老，政府沿袭了“侍丁”制度和“权留养亲”制度。宋朝时，在主流的家庭养老之外，还存在一个辅助性的宗族养老、慈善养老与互助养老系统。比如老人子孙弃他而去，其族人就要担负起养老送终的责任。在家庭养老、宗族养老与社会化养老覆盖不到的地方，还有福利性质的国家养老——“福田院”，收养对象包括“鳏寡孤独贫乏不得自存者”“非鳏寡孤独而癃老废疾、委实贫乏不能自存者”。

养老院虽然起源于南北朝时期，但真正让这种养老方式流行起来的是宋朝。北宋初年即开设了“福田院”，后又有“居养院”，南宋则叫“养济院”等。虽然称谓不同，但都是慈善性质的养老院。入院老人的年龄，也放宽到50岁以上。同时，民间养老院也普遍兴起。

元朝同样重视养老，元世祖忽必烈曾采纳汉臣刘秉忠的建议，逐步建立和完善了元朝的收养救助制度，当时各路均设立养济院1所，救助、收养“诸鳏寡孤独、老弱病残、穷而无告者”。

明朝开国皇帝朱元璋出身贫寒，深知民间疾苦，对老无所依、老无所养的社会问题有着深刻的认识。在政策上，他对政府养老的制度建设相当看重，不但恢复了汉朝制度化的“赐杖”与“赐爵”，在物质救济上，曾先后两次颁发诏令，实行孤贫老人终身养老，还创立了三大福利机构——“养济院”“漏泽园”和“惠民药局”，让百姓老有所依、病有所医、死有所归。

清朝先后颁布了多项事关养老制度建设的法令，涉及免税、减刑、官员的考核与退休、皇帝的赏赐以及仪式活动等各方面。清朝还十分重视古老的“赐食”制度，多次大摆“千叟宴”。尤其是康熙、乾隆两帝，凭借国家雄厚的财力、安定的社会环境，先后几次举行规模宏大的“千叟宴”，为“康乾盛世”增添了一段佳话。

《诗经·大雅·既醉》云：“孝不匮，永不尔类。”中国优良的养老传统和制度安排，穿越千年，永不穷尽。

（二）新中国的养老探索

新中国的养老探索肇始于1931年。1931年11月7日，第一次全国工农代表大会在瑞金召开，正式成立中华苏维埃共和国，颁布了中国历史上第一部维护工人阶级利益的法律——《中华苏维埃共和国劳动法》，明确提出“年老、残废可领取残废及老弱抚恤金”。这是中国共产党第一次以法律形式正式作出的养老规定。

1949 年 9 月 29 日，中国人民政治协商会议第一届全体会议通过了起“临时宪法”作用的《共同纲领》，规定“逐步实行劳动保险制度”。根据《共同纲领》规定，1950 年，政务院指令劳动部会同中华全国总工会着手草拟《中华人民共和国劳动保险条例》。1951 年 2 月 26 日，《中华人民共和国劳动保险条例》颁布，明确规定：男工人与男职员年满 60 周岁，一般工龄已满 25 年，本企业工龄满 10 年者，付给养老补助费，其数额为本人工资的 35% 至 60%。凡实行该《条例》的企业，均按本企业职工工资总额的 3% 向工会系统缴纳养老保险基金，退休职工的退休费用则由工会从养老保险基金中逐级核发。

1954 年 9 月 20 日，第一届全国人民代表大会第一次会议通过了我国历史上第一部根本大法——《中华人民共和国宪法》。《宪法》规定，中华人民共和国劳动者在年老、疾病或者丧失劳动能力的时候，有获得物质帮助的权利。

1956 年年初，黑龙江省拜泉县兴华乡办起了敬老院，入院供养老人 11 人，成为新中国农村的第一个敬老院。1956 年后，随着农村合作化和人民公社化高潮的到来，敬老院大发展。1958 年 12 月，党的八届六次会议通过了《关于人民公社若干问题的决议》。该《决议》指出：“要办好敬老院，为那些无子女依靠的老年人提供一个较好的生活场所。”敬老院在全国各地快速地发展了起来，据 1958 年年底统计，全国办起敬老院 15 万所，收养老人 300 余万人。

2002 年，党的十六大提出，“在有条件地区探索建立农村养老、医疗保险和最低生活保障制度”。之后，国务院召开全国新型农村社会养老保险试点工作会议，并印发了《关于开展新型农村社会养老保险试点的指导意见》，新农保试点工作正式启动。至2010年，27个省区市的838个县进行了试点，参加农保人数1.028亿人。农村最低生活保障工作也得到较好发展，至2010年，全国已有2528.7万户、5214万人享受到了农村低保，当年发放资金445亿元。

2006年2月9日，国务院办公厅转发《关于加快发展养老服务业意见的通知》，要求按照政策引导、政府扶持、社会兴办、市场推动的原则，逐步建立和完善以居家养老为基础、社区服务为依托、机构养老为补充的服务体系。各地积极行动，采用居家养老、社区服务、机构养老、养老服务补贴、民办公助、公建民营等多种形式，有力地推动了养老服务体系建设。到2010年，全国共有各类社区服务中心17.5万个，城市便民服务网络69.3万个，各类养老机构3.8万个，床位266.2万张，收养各类人员210.9万人。

2006年3月，全国老龄工作委员会发出《关于加强基层老龄工作的意见》，要求各级党委、政府切实加强对基层老龄工作的组织领导，做到“六有”：有健全的工作机构；有稳定的干部队伍；有完善的活动设施；有丰富的服务项目；有经常的社会活动；有科学的考评机制，努力实现老有所养、老有所医、老有所教、老有所学、老有所为、老有所乐的目标。

2010年10月28日，《中华人民共和国社会保险法》经十一届人大常委会第十七次会议审议通过，自2011年7月1日起施行。《社会保险法》总结20多年来我国养老保险制度改革经验，对职工基本养老保险制度的覆盖范围、基本模式、资金来源、待遇构成、享受条件和调整机制等作了全面规范，并规定了病残津贴和遗属抚恤制度、新型农村社会养老保险的主要制度，以及国家建立和完善城镇居民社会养老保险制度，并授权各省区市人民政府根据实际情况，可以将城镇居民社会保险和新型农村社会养老保险合并实施，为逐步建立统筹城乡的养老保障体系奠定了法律基础。

2011 年 6 月 1 日，国务院常务会议决定启动城镇居民社会养老保险试点，这一决策，标志着我国基本养老保险制度全覆盖，对于人人享有基本养老保险促进社会和谐，具有重大意义。6 月 7 日，国务院发布《关于开展城镇居民社会养老保险试点的指导意见》，决定 7 月 1 日启动试点工作，首批试点覆盖面 60%，2012 年实现全覆盖。2011 年 6 月 20 日，全国城镇居民社会养老保险试点工作部署暨新型农村社会养老保险试点经验交流会在北京召开，时任国务院总理温家宝在讲话中指出："建立城镇居民养老保险制度和新农保制度，是开创性的重大社会保险制度建设，标志着我国覆盖城乡居民社会保障体系的主要制度都建立了起来。有了这两项制度，几千年来中国人'老有所养'的愿望，在可预见的未来几年里就能初步实现。"

二、我国老年人法定监护制度之考量

《民法总则》从未成年人监护和成年人监护两大方面对我国的监护制度进行了规定。其中成年人监护的适用对象为"无民事行为能力和限制民事行为能力的成年人"。这样一来成年监护制度的保护对象就不仅仅局限于原来的精神病人和老年痴呆患者。所有行为能力不足的成年人，无论是由于年龄增长的缘故，还是由于疾病抑或是事故的缘由，都将受到监护制度的保护，年满 60

周岁并且行为能力欠缺的老年人当然也不例外。[①] 这样的表述也是在我国法律上真正意义地提出成年监护的概念，也是真正意义上提出老年人法定监护的概念。

（一）我国老年人法定监护制度之立法现状

1. 监护人的范围[②]

依照《民法总则》第28条的规定，（1）配偶；（2）父母、子女；（3）其他近亲属；（4）其他愿意担任法定成年监护人的个人或组织可以被选任为法定成年监护人。监护人的选任需要遵循法律条文所确定的先后顺序，首先负担监护职责的是位置在前的监护人选。法定成年监护人承担职责，监护法律关系就此发生。

当前一顺序的监护人出现空缺时，后一顺序的监护人才能够担任监护人。其中第（1）—（4）项前半段规定的是自然人监护人，第（4）项后半段规定的为单位监护人，单位监护人以及其他愿意担任监护职责的自然人为监护职责承担的例外，他们承担监护职责的情形只是在前三类法定自然人监护人确实无法担任职责的情况下发生。当以上有监护资格的监护人之间对谁来担任监护人发生争议时，即各个顺序的监护人争当、推诿承担监护职责

---

① 李世刚：《〈民法总则〉关于监护问题的释评》，载《法律适用》2017年第9期。

② 《民法总则》第28条规定：无民事行为能力或者限制民事行为能力的成年人，由下列有监护能力的人按顺序担任监护人：（一）配偶；（二）父母、子女；（三）其他近亲属；（四）其他愿意担任监护人的个人或者组织，但是须经被监护人住所地的居民委员会、村民委员会或者民政部门同意。

第32条规定：没有依法具有监护资格的人的，监护人由民政部门担任，也可以由具备履行监护职责条件的被监护人住所地的居民委员会、村民委员会担任。

除了规定按照法定顺序选任监护人之外，还规定了出现监护人争议时由相关组织以指定的方式确立监护人，有监护资格的人以协议方式确定监护人，以及将监护职责委托给他人的委托监护模式。

时，他们可以首先通过协商解决彼此间的监护争议。在有权监护人之间协商确定监护人职责担任之时，被监护人有权就何人具有监护能力、适宜担任自己的监护人发表意见，被监护人的真实意愿应当获得尊重。经过协商程序相关当事人间仍旧无法就何人承担监护职责达成一致意见时，可以由被监护人户籍所在地或是惯常居住地的居民委员会、村民委员会以及相关的民政部门在前述人选范围之中指定确定监护人。这些组织在行使指定确定监护人的权力之时，应当从被监护人的角度出发征求他或她的意见，然后根据最有利于被监护人的原则，在法律规定的有资格充任监护人的主体之中对监护职责的承担人进行指定。不仅如此，为避免被监护人权利保护真空情况的出现，在这三类组织指定确定监护人之前，法律亦有相关组织应当临时担任监护人承担监护职责的规定。此外，如果相关当事人对这一监护职责指定的结果仍旧不满意，还可以通过向法院提出申请的方式确定监护人。前述三类组织并不是监护人争议解决的必经顺序，当《民法总则》第 28 条规定的监护人之间对何人承担监护职责无法形成一致意见时，可以直接向法院提出申请，由人民法院通过司法程序确认监护人。

需要注意的是，《民法总则》第 31 条第 1 款与第 2 款中规定的指定确定监护人的内容不是独立的监护人确定方式，仅是为实现法定成年监护而作出的一种补充性规定。理由之一是，有权机关在指定确定监护人时，仍然是从《民法总则》第 28 条规定的法定成年监护人范围之中选择监护人。理由之二是，指定监护不是独立存在的法定成年监护人确定程序，第（1）—（4）项监护人选之间对监护职责的承担出现不一致意见时，此程序才可能启动。有法定监护资格的监护人之间对何人承担监护责任无法形成一致意见，并且不能够通过协商的程序解决争议，是指定监护程序发生的条件。指定监护的出现不是因为适格法定监护人有空缺，而是因为法定监护人之间出现了职责承担争议，因而指定监护实质上是法定监护的实现方式。

2. 监护人的职责①

照看与管理被监护人的人身权益和财产权益是法定成年监护人监护职责的主要内容。法定成年监护人对被监护人财产方面的处分权限原则上被禁止，只有在出于保护被监护人利益之时才能够例外许可。此外，从最有利于被监护人利益的角度出发对其财产权益进行处分是《民法总则》法律条文的规定。针对老年人意思能力发展的特殊情况，《民法总则》第35条还规定了，成年监护人监护职责的履行应当体现对被监护人真实意愿的最大限度的尊重。法定成年监护人监护职责的承担是以保障和协助被监护人实施其认知能力许可范围内的民事法律行为为要件的，对于被监护人能够独立完成的事务，监护人不能够干涉。

法定老年监护人的监护职责概括为如下四个方面。

（1）对被监护人人身的保护。《最高人民法院关于贯彻执行

---

① 《民法总则》第34条规定：监护人的职责是代理被监护人实施民事法律行为，保护被监护人的人身权利、财产权利以及其他合法权益等。监护人依法履行监护职责产生的权利，受法律保护。监护人不履行监护职责或者侵害被监护人合法权益的，应当承担法律责任。

第35条第1款规定：监护人应当按照最有利于被监护人的原则履行监护职责。监护人除为维护被监护人利益外，不得处分被监护人的财产。第3款规定：成年人的监护人履行监护职责，应当最大程度地尊重被监护人的真实意愿，保障并协助被监护人实施与其智力、精神健康状况相适应的民事法律行为。对被监护人有能力独立处理的事务，监护人不得干涉。

〈中华人民共和国民法通则〉若干问题的意见（试行）》（以下简称《民通意见》）第10条规定，法定成年监护人需要保护被监护人的身体健康，也就是说法定老年监护人负担有保证被监护人的生命健康权不会受到侵犯的职责。法定老年监护人还需要照料被监护人的生活，即通过其照顾行为使得被监护人生活上的正当需要能够得到满足。《老年人权益保障法》规定，患病的老年人的疾病问题应当能够得到及时的解决，必要的身体护理应当能够有所保障。[①]《老年人权益保障法》第16条[②]还要求法定成年监护人承担为被监护之人安排适宜居住的房屋的责任，法定成年监护人不得降低被监护人的生活水平。《老年人权益保障法》还对老年人的精神慰藉进行了特别的强调，老龄人口应该得到其应当享有的尊重、关心和照料，老年人的精神需求应当得到满足，任何人都不得忽视和冷落老年人。[③]

（2）对被监护人财产的管理。监护人应当管理和保护被监护人的财产。《民法总则》第35条要求法定成年监护人承担保护被监护之人财产权益的责任。法条划定了法定成年监护人能够处分的被监护人的财产范围，保护被监护人的利益是法定成年监护人行使法律

① 《老年人权益保障法》第15条规定：赡养人应当使患病的老年人及时得到治疗和护理；对经济困难的老年人，应当提供医疗费用。对生活不能自理的老年人，赡养人应当承担照料责任；不能亲自照料的，可以按照老年人的意愿委托他人或者养老机构等照料。

② 《老年人权益保障法》第16条规定：赡养人应当妥善安排老年人的住房，不得强迫老年人居住或者迁居条件低劣的房屋。老年人自有的或者承租的住房，子女或者其他亲属不得侵占，不得擅自改变产权关系或者租赁关系。老年人自有的住房，赡养人有维修的义务。

③ 《老年人权益保障法》第18条前段规定：家庭成员应当关心老年人的精神需求，不得忽视、冷落老年人。与老年人分开居住的家庭成员，应当经常看望或者问候老年人。

赋予的处分权利的前提条件[①]。《老年人权益保障法》第 22 条第 1 款规定了，被监护人的子女或是其他亲属不得干涉老年人对自身所有财产占有、使用、收益以及处分的权利，不得窃取、骗取或是以强行索取的方式对老年人的财产权利实施侵犯。鉴于实践中老年人的安居权频频遭受损害的情形，《老年人权益保障法》还特别写明了老年人享有其房屋不受侵犯的权利，任何人实施的侵占、擅自变更产权、改变租赁房屋关系的行为皆为法律禁止。

（3）代理被监护人实施民事法律行为。《民法总则》第 34 条规定，无民事行为能力或是限制民事行为能力的自然人的监护人对前述之人享有法定的代理权利。但是对于无民事行为能力的成年人来说，纯获利益的行为，即接受奖励、赠与、报酬等是属于其能力的许可范围之内的。而限制民事行为能力的自然人，在此之外还能够实施与其智力、精神状况相适应的民事活动。此外，根据代理制度的一般原理，财产性质的民事活动应当是法定成年监护人能够参与处理的主要的民事活动，对于与成年被监护人人身相关的民事活动，监护人仅享有部分参与处理的权限。相关民事程序法还允许法定成年监护人参与与被监护人有关的民事诉讼活动，法定成年监护人能够以诉讼代理人的身份向法院提出请求，要求法院保护被监护人合法的权利与利益。

（4）对被监护人侵权责任的承担。根据《中华人民共和国侵权责任法》第 32 条的规定，当居于法定成年监护制度之下的无

---

① 《民法总则》第 35 条第 1 款规定：监护人应当按照最有利于被监护人的原则履行监护职责。监护人除为维护被监护人利益外，不得处分被监护人的财产。第 3 款规定：成年人的监护人履行监护职责，应当最大程度地尊重被监护人的真实意愿，保障并协助被监护人实施与其智力、精神健康状况相适应的民事法律行为。对被监护人有能力独立处理的事务，监护人不得干涉。

民事行为能力的成年人或是限制民事行为能力的成年人实施侵权行为、需要承担损害赔偿责任，且实施致害行为的被监护人的自身财产不足以负担赔偿责任时，法定成年监护人需要承担因被监护人致害行为而产生的赔偿责任。法定成年监护人所承担的赔偿责任仅是被监护人的财产不能够担负的部分，但是法定成年监护人并不总是承担被监护人侵权所生损害的全部。不仅如此，法定成年监护人赔偿责任的承担还会受到其职责履行情况的影响，尽职的法定成年监护人的赔偿责任可以获得相应的减轻。如果被监护人没有明确的法定成年监护人，那么依据《民通意见》第 159 条的规定，侵权责任的承担者应当是法律规定的享有监护权且监护顺序在前的主体。

3. 监护人资格的撤销

《民法总则》第 36 条规定，监护人有下列情形之一的，人民法院根据有关个人或者组织的申请，撤销其监护人资格，安排必要的临时监护措施，并按照最有利于被监护人的原则依法指定监护人：（1）实施严重损害被监护人身心健康行为的；（2）怠于履行监护职责，或者无法履行监护职责并且拒绝将监护职责部分或者全部委托给他人，导致被监护人处于危困状态的；（3）实施严重侵害被监护人合法权益的其他行为的。

本条规定的有关个人和组织包括：其他依法具有监护资格的人，居民委员会、村民委员会、学校、医疗机构、妇女联合会、残疾人联合会、未成年人保护组织、依法设立的老年人组织、民政部门等。

前款规定的个人和民政部门以外的组织未及时向人民法院申请撤销监护人资格的，民政部门应当向人民法院申请。

4. 监护关系的终止

《民法总则》第39条规定，有下列情形之一的，监护关系终止：（1）被监护人取得或者恢复完全民事行为能力；（2）监护人丧失监护能力；（3）被监护人或者监护人死亡；（4）人民法院认定监护关系终止的其他情形。

监护关系终止后，被监护人仍然需要监护的，应当依法另行确定监护人。

（二）我国老年人法定监护制度之评析

民法总则中并没有专章对老年人法定监护作出制度设计，从老年人的角度出发，现行法定监护制度不足以充分保障老年人的权益，存在诸多尚待完善之处。

1. 监护制度与行为能力制度不匹配

《民法总则》规定的成年人监护制度的开始是以行为能力制度为前提的。只有确定了成年人完全或部分丧失了行为能力，宣告其为无民事行为能力人或限制民事行为能力人，才能对其适用监护制度。但是行为能力制度与监护制度在本质上是不同的，将其作为监护开始的前置条件并不合理。行为能力制度本身就存在着固有的缺陷。一方面，行为能力制度通过限定或排除被保护人的行为能力，否定其不当的交易行为来保护被保护人及第三人的利益，这种防御性的保护手段使被保护人远离社会生活，逐渐被边缘化。另一方面，行为能力制度偏重于保护行为能力欠缺人的财产利益，忽略了其人身利益。[①] 行为能力制度以自然人的意思

① 姜海顺、景明浩：《论韩国的成年监护制度及其对我国的启示》，载《延边大学学报（社会科学版）》2014年第47卷第3期。

能力为标准[①]，以简单类型化的做法对行为人的行为能力进行宣告，进而剥夺或限制行为人的能力。但是自然人的判断能力是存在差异的，不同的人对同一个事物就会有多重认知，并且即使是相同的个体在不同的交易场合也会有不同种类、不同程度的判断。忽视个体的差异性的行为能力宣告制度很可能会造成对行为人的过度保护，很可能会造成对在某些具体交易场合仍然具有一定程度的判断能力的行为人的自治权利的侵犯。而现代监护制度强调要活用被监护人本人所残存的行为能力、尊重被监护人本人的自我决定权，二者所崇尚的宗旨是相悖的。并且行为能力制度在我国司法实践中并未广泛应用，有学者曾在北大法宝案例以“行为能力和限制行为能力”为案由进行索引，最后搜索出了303个案件。[②] 所以说，监护制度与行为能力制度并不匹配，行为能力制度不应当作为监护制度的前提。

2. 法定监护保护模式单一

最早规定监护制度的《十二铜表法》就在监护的层次和方式上具体区分了监护和保佐。[③] 我国老年人监护制度是以行为能力宣告制度作为前置条件的，并将行为能力存在障碍的人具体划分成了两级。对这种行为能力的划分结构是否合理暂且不论，与之密切相关的监护制度至少应对行为能力划分结构有所体现。然而，我国现行法律针对这两大主体在监护方式上没有任何区分，采取的都是完全接管被监护人事务的“他治”式监护。这种罔顾

---

① 马俊驹、余延满：《民法原论》，法律出版社2010年版，第89页。

② 李国强：《论行为能力制度和新型成年监护制度——兼论〈中华人民共和国民法总则〉的制度安排》，载《法律科学》2017年第3期。

③ 焦富民：《民法总则中编纂视野中的成年监护制度》，载《政法论坛》2015年第6期。

不同老年人行为能力障碍程度的单一监护模式实际上是对老年人意思自治的一种侵害。对比那些完全没有意思表示能力的精神障碍者，精神上存在轻度障碍和仅仅在身体方面存在障碍的老年人对于和自身相关的事务仍然具有比较高的认知能力，其需要的仅仅是针对某些具体事务的、适时的有限监护。所以，老年人法定监护制度所采取的单一监护模式并不能满足老年人实际上需要的监护需求。①

3. 监护人选任方式不合理

在监护人的选任上，《民法总则》以婚姻和血缘关系的亲疏远近作为判断标准，对监护人选任的顺序有明确规定。虽然，在选任顺序上以"有监护能力"作为限制条件，但是这种范围和次序的限制并不合理。这种规定有悖于被监护人利益最大化原则，也没有充分体现对被监护人意愿的尊重。该法第 28 条所列举的顺序来源于传统理念中的夫妻、亲属之间相互照顾义务，大体而言是符合被监护人的利益的。但是并不能排除顺序在前的候选人虽然有监护能力却在主观上不愿担任监护人的情形。如果严格按照监护人选任顺序的规定，选任此种类型的监护人承担监护责任，他们很可能就不会很好地履行监护责任。这样不仅不能起到保护被监护人的作用，反而可能会使被监护人面临着受到侵害的潜在威胁。

独生子女政策的施行使我国的家庭模式发生了转型，目前我国出现越来越多的"四二一"家庭结构。在一个子女照顾多个老人的情形下，子女很可能由于承担过重的监护责任而不能更好地照顾老人。如果囿于监护人选任顺序的规定，强制要求他们承担

① 李霞：《台湾地区新修正的成年监护制度及其评析》，载《法学论坛》2015 年第 5 期。

监护责任，而将更适合担任监护人的其他自然人、组织机构和社会团体排斥在外，这种做法是否适当是值得推敲的。①

4. 监护人任职资格不明确

《民法总则》中没有对担任监护人需要具备何种资格进行规定，只是在规定监护人选任范围中提到被选任的监护人应当是“有监护能力的人”。《民通意见》第11条规定将监护人的身体健康状况、经济状况，以及被监护人与监护人本人在生活上的联系状况，作为是否具备监护能力的考察因素。笔者认为，将被监护人与监护人在生活上的联系状况作为监护能力的考虑因素已不再合理。并不是说与被监护人生活联系紧密的人就适合担任监护人，村委会、居委会和民政部门与被监护人在生活上的联系都不大。并且随着老年人监护需求的不断增长，会出现越来越多专业的监护机构，这些专业机构在未担任监护人之前，与老年人的生活没有任何联系。但是由于其在监护方面体现出的专门性、经验性、职能化，相较于那些与老年人生活联系紧密，却没有时间、没有精力承担监护职责的人来说，专业的监护机构更适合担任监护人。可见，我国现行法律对监护人资格的限制要求过多，却缺少对监护人资格的消极限制，比如监护人不能与被监护人存在实际的或是潜在的利益冲突。

5. 监护人权利与具体职责缺失

在前文中，笔者已经论述过应当将监护的性质界定为一种职责。老年人监护制度最根本的目的是保障老年人的合法权益，维护老年人福祉。所以说，监护人应当履行何种职责，如何履行职

---

① 满洪杰：《关于〈民法总则（草案）〉成年监护制度三个基本问题》，载《法学论坛》2017年第1期。

责是老年人监护制度中最为重要的问题。《民法总则》在第34条第1款将监护职责总体概括为“代理被监护人实施民事法律行为，保护被监护人的人身权利、财产权利以及其他合法权益等”。并在第35条第1款规定监护人在履行监护职责时要以最有利于被监护人本人的利益为出发点和落脚点。但是第34条第1款存在界定不够周全、严谨的缺点。监护人除了要代理监护人本人实施民事法律行为以外，还要对被监护人本人的日常生活进行照料，对被监护人本人的身体进行照顾，这些行为中有很大一部分都是事实行为。并且在涉及人身和财产权利的监护职责中，没有对必须尽到的具体义务的列举，也没有对某些监护人禁止干预的事项的明确规定。这样既不利于监护人职责的履行，也不利于被监护人利益的保障。

权利与义务应当是相辅相成的，单纯对监护人附加监护职责，却不赋予其相应的权利，很难激发起监护人的积极性和主动性。域外国家在成年监护制度中都一定程度地赋予了监护人某些权利，最常见的是辞任权。但是我国的《民法总则》却没有对监护人权利的规定。

6. 监护监督制度缺失

监护人与被监护人本应在监护法律关系中享有理论意义上平等的法律地位，但是由于两者在行为能力上的差异，被监护人事实上是作为弱势一方存在的。[①] 监护人因职责所在，享有对被监护人人身和财产利益的管理、控制权限，监护人很可能由于人性的自私而做出某些侵害被监护人利益的行为。所以对监护人进行监督是十分

---

① 刘金霞：《监护监督的必要性及其制度构建》，载《西安电子科技大学学报（社会科学版）》2017年第1期。

有必要的。[①] 但是我国现行立法却没有建立起监护监督制度。

首先，从整体上讲，没有形成系统化的老年人监护制度的监护监督体系。只是规定当监护人不履行应尽的职责，或是作出侵害被监护人合法权益的行为时，其不仅要承担法律责任，还要面对监护资格被撤销的惩罚。上述规定都只是对侵害被监护人权利的事后救济，属于事后监督。可见，我国法律中主要是事后监督，缺少对事前监督和事中监督的规定，并没有形成完善的监护监督体系。其次，监护监督制度的主体不明确。《民法总则》规定村委会、居委会和民政部门在被监护人没有适格的监护人时要承担起监护责任，担任老年人的监护人；同时又规定村委会、居委会和民政部门是事后监督的主体。这种情形下，很可能造成监护人和监护监督主体身份的重合，使监护监督制度形同虚设。此外，《民法总则》并未规定具体由哪个机构、机构中的哪个具体的主体直接、主动地承担监督责任，很可能会造成这三个机构在面临需要承担监督责任时相互推诿，造成老年人实际上没有监督人存在的情形。最后，对监护监督制度的内容规定得过于简单。《民法总则》对于被监护人可以撤销监护人资格的规定过于笼统，且规定的都是严重侵害被监护人权益的情形。按照该规定，监护人在履行监护职责时只要没有严重侵犯被监护人利益，对于监护人履行职责是否最大限度符合最有利于被监护人原则，是否最大限度地尊重了被监护人的意思自治，监督人都无权过问。[②] 最重

---

① 王竹青：《论未成年人国家监护的立法构建——兼论民法典婚姻家庭编监护部分的制度设计》，载《河北法学》2017 年第 5 期。

② 李欣：《〈民法总则（草案）〉第 34 条和第 29 条解析——以成年监护监督制度为中心》，载《安徽大学学报（哲学社会科学版）》2016 年第 6 期。

要的是，针对监护监督人具体如何进行监督缺乏明确的规定。

三、我国老年人意定监护制度之考量

意定监护制度初次被纳入我国的立法调整范围是在我国现行的《老年人权益保障法》中。2017 年 10 月正式施行的《中华人民共和国民法总则》（以下简称《民法总则》）第 33 条对成年人意定监护制度作出了初步规定，为该制度的发展提供了上位法依据。

（一）我国老年人意定监护制度之立法现状

1. 《老年人权益保障法》

该法第 26 条规定，具备完全民事行为能力的老年人，可以在近亲属或者其他与自己关系密切、愿意承担监护责任的个人、组织中协商确定自己的监护人。监护人在老年人丧失或者部分丧失民事行为能力时，依法承担监护责任。老年人未事先确定监护人的，其丧失或者部分丧失民事行为能力时，依照有关法律的规定确定监护人。

该条规定包括三个层面的意思：第 1 款首先确定了意定监护制度，其次规定了监护人开始监护责任的起点；第 2 款则确定了不存在意定监护的情况下，适用法定监护制度。该条规定的内容可概括为：意定监护制度的效力优于法定监护制度；监护人开始监护的起点为老年人丧失或部分丧失民事行为能力；意定监护制度下，可自行选择监护人的老年人须具备完全民事行为能力，可选择的监护人范围为：近亲属或者其他与老年人关系密切、愿意承担监护责任的个人、组织，确定监护人的方式为适格老年人与自己的意定人选进行协商；未适用（包括不能适用与没有适用两种情况）意定监护制度的老年人，其监护人根据《民法总则》来确定。

《老年人权益保障法》第26条的规定对于老年人监护制度的构建来说是具有突破性的意义：

（1）该条突破了以往的不合理规定，创设了意定监护制度，赋予被监护人以自主选择监护人的权利，充分体现了对被监护人自主权的尊重，反映了我国监护理念的转变与人权观念的进步。

（2）将老年人从成年监护对象中分离出来列为一种独立的监护对象的做法也值得称道，这种细分便于针对老年人自身的特点进行制度设计。老年人在具备完全行为能力时，可以事先选择自己的监护人，选择的范围并不局限于近亲属，也可以从愿意承担监护责任的个人和组织中选择。老年人与事先选择的监护人达成合意，当老年人丧失行为能力时，监护人需要担负起监护责任。

（3）该条也体现出老年人意定监护优先于老年人法定监护的理念。在老年人没有事先选任监护人的情形下才能依据法定监护的情形确定监护人。这样规定充分体现了对老年人自我决定权的尊重，也符合现代成年监护制度改革的趋势。但是，在该部法律中涉及老年人意定监护制度的仅有这一个条文，实际上只是提出了该制度的概念，没有关于该制度如何构建的具体规定，缺乏可行性与可操作性。

2.《民法总则》

该法第33条规定，具有完全民事行为能力的成年人，可以与其近亲属、其他愿意担任监护人的个人或者组织事先协商，以书面形式确定自己的监护人。协商确定的监护人在该成年人丧失或者部分丧失民事行为能力时，履行监护职责。

（1）《民法总则》的修订发生在现代成年监护制度全面改革的大背景之下。在修订的时候充分体现了现代监护制度的新理念，将尊重被监护人意愿原则和最有利于被监护人原则贯穿到这个老年人监护制度之中。

（2）关于本条规定，我们需要注意对以下三个要素的理解：

第一，从效力上来看，意定监护优先于法定监护。法定监护是根据法律的规定确定监护人，而意定监护是基于本人意愿选择确定监护人。意思自治是现代民法的核心价值，基于意思自治下的约定一般应优先于法定。意定监护不同于《民法总则》第 30 条规定的协议确定监护，后者仍属于法定监护的范畴。①

第二，意定监护协商确定监护人应具备“书面形式”这一特殊要件。即当事人具备完全民事行为能力时，在协商意思表示一致的情况下，需要以书面的形式对自己监护人的确定和选择进行意思表示。这里的“书面形式”包括书面合同、授权委托书、信件、数据电文等，也可以是公证文书等特殊书面形式。②

第三，本条涉及“丧失或者部分丧失民事行为能力”的认定问题。丧失民事行为能力一般指不具备识别能力和判断能力；未完全丧失民事行为能力，指能够从事与其智能状况相适应的民事活动。民事主体行为能力的认定，应当由利害关系人或有关组织向人民法院申请认定。此处的“利害关系人”应包括本条所涉及的意定监护人。否则，在该成年人的其他利害关系人或其他组织怠于申请认定该成年人为行为能力欠缺者时，本条规定的意定监护制度将无法展开，其在实践中的效果也将大打折扣。

此外，《民法总则》第 31 条和第 35 条明文规定以指定方式确

---

① 李适时主编：《中华人民共和国民法总则释义》，法律出版社 2017 年版，第 99 页。

② 沈德咏主编：《中华人民共和国民法总则条文理解与适用》，人民法院出版社 2017 年版，第 298 页。

立监护人以及监护人在履行监护职责时，要充分体现尊重被监护人的意愿、以最有利于被监护人为原则的理念。另外，以协议方式协商监护人时要充分尊重被监护人的意愿，设置临时监护措施时要维护最有利于被监护人的原则。[①] 以上是《民法总则》中以条文形式对两个原则的明确规定，其实在未明文规定这两个原则的条款中也体现了这两个理念。比如，规定以意定方式确立监护人何尝不是对尊重被监护人意愿的体现。

（二）我国老年人意定监护制度的适用现状

在《老年人权益保障法》规定老年人意定监护制度之前，我国并未有相关法律对老年人的监护进行立法，因此，司法审判实践中未有适用。《老年人权益保障法》确认了该制度之后，在中国裁判文书网中对以《老年人权益保障法》第26条作为判决依据的案例进行查询，发现在法院的判决或裁定中适用该条规定的判决实在是少之又少[②]。从收集的案件情况来看，还未有因老年人依据自己的意愿选定监护人后产生的纠纷，基本都是因赡养纠纷而涉及监护的情况。法院现有的适用是以比较原则化、概括

---

① 高丰美：《〈民法总则〉监护规定的进步、不足与完善——兼谈“婚姻家庭编”的监护立法》，载《法治论丛》2017年第3期。

② 根据统计，直接适用第26条的案件有6件，付某等人赡养纠纷一案、李春生与李洪伟等赡养费纠纷一案、王成与郭秀娥等赡养费纠纷一案、王某某与狄某某等赡养纠纷一案、易某甲与易某乙等赡养纠纷一案、桑某1与桑某2等监护权纠纷一案。以上6个案件中王成与郭秀娥等赡养费纠纷一案与桑某1与桑某2等监护权纠纷一案在法院判决适用中对第26条进行解释说明，由法院确定被监护人没有民事行为能力后，适用第26条第2款的规定进行监护人的选任，由于两个案件中被监护人都因不能清楚表达自己的意愿，最后作出的裁定和判决都没有指定监护人。其他4个案件都是因赡养纠纷引起的，法院虽适用了第26条进行判决，但是判决结果也只是针对赡养纠纷，不涉及监护人确定的问题。信息来源：http：//wenshu. court. gov. cn/，访问日期：2019年1月8日。

化、抽象化的方式来确认监护人。在询问老年人意愿的基础上再进行选定，如果老年人无法进行正常的意思表达，就按照法定监护的方式进行监护人的选任，如果按照这样的方式，那么成年人意定监护制度就没有发挥其应有的作用，其设立也就是一种表象，失去了法条的生命力。从另一个方面来说，因该制度在立法设计上存在一定的缺陷并且也没有一个良好的运行机制来保证其实施，所以目前成年人意定监护制度的适用不够普遍，而司法实践因受到现有条件的限制，在司法实践中适用情况也极少，但这并不意味着该制度就不必要。正因现行缺乏具体的实施细则，在北京、上海等地，相继推出关于老年人意定监护实际运作的方式。2016 年上半年，北京市推出了一种新的法律服务公益项目——老年人意定监护，这个公益项目与意定监护制度设立的初衷一致，都是使老年人在失能之后不再为今后的生活烦扰，让老年人提前将自己认为最有利于保护其晚年权益的人选任为监护人，让其老有所养、老有所依。该公益项目主要是提供法律服务，通过帮助老年人与其选定的监护人签订好意定监护合同，并对双方当事人的权利和义务进行完善和明晰，以确保充分保障双方当事人的权益。与此同时，2016 年 5 月 1 日，上海市修订并施行了《上海市老年人权益保障条例》，加强了对老年人利益的保障，其中第 18 条第 1 款①表明，老年人可以依据自己的意志自由自主地选择自己的监护人，但其方式就是公证，从而也提升了预先指定监护的公信力。此后针对该制度的具体实施各地区纷纷出

① 《上海市老年人权益保障条例》第 18 条第 1 款规定：具备完全民事行为能力的老年人，可以在近亲属或者其他与自己关系密切、愿意承担监护责任的个人、组织中协商确定自己的监护人，并通过公证等方式予以明确。

台了相关规定和实施细则。从某种程度上来说，成年人意定监护制度的设立并非缺乏需求，只是立法制度设计有所不足，各地只能依靠其他方式来进一步满足现实需要。

（三）我国老年人意定监护制度之评析

从上述分析来看，正是因为现行法律关于成年人意定监护制度的构建过于概括性、原则性，因缺乏明确可行的具体操作流程，以致司法实践中关于成年人意定监护的纠纷少之又少，但现实状况又急需适用。因此，对监护制度进行系统性、整体性的重新梳理，使成年人意定监护制度实现与现有监护制度的良好对接迫在眉睫。

1. 缺乏意定监护合同的具体规定

《民法总则》第33条的规定确立了成年人意定监护的设定，其方式表现为书面，意定监护合同是成年人意定监护制度设立的中心内容所在，但仔细分析《民法总则》的规定，笔者认为其关于意定监护合同的规定仍有几个方面存有疑虑亟待进一步明确：

（1）“书面协议”的性质亟须明示。“合同的分类有助于合同法的妥当适用”[①]，在平时较为多见的合同事宜中，根据其典型合同的规范，合同双方的权利以及义务需要及时被确定下来，民法的相关规定都可以作为其参考和依据；而不常见的合同类型则可根据其内容的特殊性从典型合同的相关规定中找到落脚点。但是我国目前暂时还没有设置相对应的类型，意定监护合同的性质确定是迫切需要明示的内容。

---

① 崔建远：《合同法》，法律出版社2013年版，第25页。

（2）监护人范围的确定欠缺现实需求的支撑。《民法总则》第33条对监护人的范围进行了一定的限制，表述为“其近亲属、其他愿意担任监护人的个人或者组织”，我国的监护制度有一项立法的创新，即除了近亲属以外，愿意担任监护人的其他人也可以成为监护人，这在亲属法领域突破了血缘的限制。弹性太强的规定会对该制度的具体适用造成一定的阻碍，究其原因体现在，第一，将“近亲属”[①] 纳入监护人主体范围实际意义并不太大，具体适用到成年人（尤其是老年人）意定监护制度中，成年人的许多近亲属通常情况下大部分都会因为身体原因而导致无法完全实施监护行为，实际的情况可能是，近亲属的实际适用范围其实只是限定在了“子女、孙子女、外孙子女”当中，对于父母而言，子女更多的是履行法定赡养义务，在出现问题时进而履行法定监护的义务，这样的话，法定和意定的监护可能出现交叉的状况；第二，“其他愿意担任监护人的组织或个人”对监护条件的规定太过宽泛，似乎每个人都可以进入监护的范畴之内，只要其有成为监护人的强烈愿望即可，意定监护人履行监护义务会对被监护人造成明显影响，法律需要对意定监护人的各项条件作出明确的规定，且需要严格并兼具可操作性，但是新颁布的《民法总则》中对于笔者提出的这些疑问和担忧似乎并没有给出明确的答案，也很难让人找到可以信服的依据。

（3）意定监护制度生效时间的设定不具备完全的可操作性。《民法总则》第33条规定，意定监护人开始执行其监护事务应当

---

① 《最高人民法院关于贯彻执行〈中华人民共和国民法通则〉若干问题的意见（试行）》中规定，民事法律上的近亲属为“配偶、父母、子女、兄弟姐妹、祖父母、外祖父母、孙子女、外孙子女”。

是被监护人丧失或部分丧失民事行为能力之时。书面合同是意定监护人执行约定监护事务的凭证，在其生效后，监护人才开始履行其职责。首先，人缺乏完全的行为能力时，意定监护合同才会发挥作用，但是岁月的流逝毫无疑问会导致人类各项能力以及身体机能的衰退和退化，这是一个让人不得不担忧的问题，且衰退会是一个以螺旋式下降的漫长进程，人们往往很难准确地判断和把握被监护人丧失或者部分丧失行为能力的时间节点，更何况其认识能力很可能会出现反复等情况，若遇到此种情况，要准确判断出被监护人何时丧失或者部分丧失行为能力则也是非常困难；其次，在现实社会中，有一类人已经没有独立生活的能力，但是又没有完全失去行为能力，这类成年人依然同未成年人或者老年人一样需要被人照料，且不是短期就能结束的，但是制度把这类人排除在外，而此类成年人往往是成年人意定监护制度主要包含的对象，制度没有将这类人包括在内，显然会降低该制度应有的社会作用，同时也背离了该制度创建时的目的；最后，《民法总则》对于“书面合同”的效力、内容等相关维度的问题缺乏明确的规定。我国合同法明确规定生效合同的重要内容包括权利义务、时间、违约责任、争议条款等，如果以上内容没有完全具备，即使合同成立，仍然不能避免出现一些难以预见的难题。

2. 对老年人监护人的资格未作详细要求

目前的老年人监护制度在指定监护中仅规定了监护人的可选范围，而在法定监护中更是只规定了“依照有关法律的规定确定监护人”，至于担任监护人的具体资格则未作规定，按理应当适用相关法律对普通监护人的资格规定。然而在我国监护制度体系中，未对监护人资格加以规定并非老年人监护制度独有的缺点——《民法通则》对监护人资格的要求仅以“有监护能力”进行描述；而《民通意见》第 11 条则仅规定：“认定监护人的监护能力，应当根据监护人的身体健康状况、经济条件，以及与被监护人在生活上的联系状况等因素确定。”而具体到各个因素的特殊要求以及各因素之间的优先顺序，都未有规定；同时，对不宜担任监护人的情形也未加以规定，实际上这对于监护人履行职责有极大不便，尤其是在法定监护中——在意定监护中，监护人是双方协商后确定的，监护人人选对自己的状况多少会有所考量，然而在法定监护中，监护人的确定是依法定顺序决定的，除非对担任监护人有争议则由相关组织以及监护权利机关进行指定，但此时自认为不具有监护条件的人员仍然可能成为监护人——作为最终指定机关的法院指定时可以法定监护人的顺序作为指定顺序，如此不仅加重了监护人的负担，而且难以为被监护人提供适当的监护。

未对监护资格加以要求，除了使指定监护人不适当的可能性增大之外，还导致了其他的负面效应。首先，如果老年人自己协商确定的监护人不具备监护条件该如何处理？其次，如果已经确定的监护人事后丧失监护能力如何处理？由于意定监护中，老人与人协商时仍具有完全行为能力，且监护开始的起点是不确定的，在这个过程中，意定监护人的状况可能有所变化，假如已被确定为监护人后其物质条件或生活状态发生变化，该如何处理？此处生活状态的改变主要指精神遭受重大打击但仍具有完全民事行为能力或担任了其他公民的监护人等对其履行监护职责的精神状态或生活状态有影响的改变。由于未对监护人的资格作出限制，因此监护人物质条件或生活状态等因素的改变对于其履行监护职责的影响程度便难以衡量，进而难以作出恰当的应对。

3. 缺少意定监护监督制度

关于是否有必要设立监护监督制度存在着两种观点：否定说与肯定说。否定说的观点为无须设定监护监督制度，要想做到对监护人的各项工作都能够稳步推动且尽量减少其阻碍，其他适格主体的适当督促或者适格主体之间的定期或不定期监督都能起到重要的作用，这样看来，监护监督制度的设立就显得不那么必要了。因此，否定学说还提出了自己的观点作为补充，其一，法院可以通过合适的方式对意定监护人的各项工作进行事前的把握，通过借助经验或者相关规定对其进行一定程度上的预判，这样的话监护人一旦没有按照规定履行自己的义务甚至对被监护人的合法权益造成了伤害，监督机构就能随时掌握动向并作出相应的处理。不过话虽如此，对于监护人的选择以及其选择是否合适都是公权力机关很难精确把握的，因此笔者认为其实将个人达成的某种合意而带来的一系列问题归咎为国家或者公权力机关的责任似乎有些过于严苛了。其二法院对于自己监督或者其他职能及义务的履行都是需要成本的，可以预见到法院为完成这项事务所需要付出的各项成本，包括人员的调配以及资金的组织和时间的分配，这都是一笔不小的开支，且不一定能够完全满足现实要求。众所周知，我国法院的工作压力非常大，各种案件非常多，我不认为其能够足额且高效地行使监督的职责。而肯定说的观点顾名思义定然和否定说背道而驰，该类学说认为一个运行良好的意定监护制度应当对代理权的履行进行监管。在许多国家的规定和实践中，法律是用来对弱势群体予以支持和庇护的，而这毫无疑问契合了国家插手监护制度的状况。目前许多社会都已经逐渐进入老龄化社会，甚至有许多国家已经出现了人口负增长，老年人的权益保障就成了一个亟待解决的社会问题，因为这类问题在目前的社会中由来已久且范围广泛，如果不加以妥善解决可能带来一系列的社会问题，而要实现这个问题的解决，需要全社会共同努力，个人英雄主义在此时已经很难发挥作用。因此，介入公权力来对意定监护制度进行监护监督势在必行。公权力之所以需要发挥作用，是因为其能促使被监护人残存行为能力的顺利实现，以维护被监护人生活的正常化，谨防监护人擅用代理权并稳定市场交易秩序。因而可以毫不夸张地说，“公权力通过监护监督制度适当干预意定监护制度是必要的”[①]。笔者认为以上观点有其合理之处，任何制度都离不开社会现实，应该在具体国情和社会现实的基础上确立适合我国的监护监督制度。因此，意定监护监督制度虽然没有在《民法总则》中得到明确的体现，不过《民法总则》第 36 条还是对监护监督制度予以提及[②]，但是该条款依然存在自己的问题，其认为“其他依法具有监护资格的人”就是监护人的条件，此规定实际上是将监护与监护监督职责的主体进行了混淆，可见该规定是存在一定瑕疵的。综上，笔者认为《民法总则》中对于监护监督人的限制并不能使监督制度发挥到最优的作用，也许还会起到负面的作

---

① 李霞：《成年监护制度研究——以人权的视角》，中国政法大学出版社 2012 年版，第 306 页。

② 《民法总则》第 36 条规定：监护人有下列情形之一的，人民法院根据有关个人或者组织的申请，撤销其监护人资格，安排必要的临时监护措施，并按照最有利于被监护人的原则依法指定监护人：（一）实施严重损害被监护人身心健康行为的；（二）怠于履行监护职责，或者无法履行监护职责并且拒绝将监护职责部分或者全部委托给他人，导致被监护人处于危困状态的；（三）实施严重侵害被监护人合法权益的其他行为的。本条规定的有关个人和组织包括：其他依法具有监护资格的人，居民委员会、村民委员会、学校、医疗机构、妇女联合会、残疾人联合会、未成年人保护组织、依法设立的老年人组织、民政部门等。前款规定的个人和民政部门以外的组织未及时向人民法院申请撤销监护人资格的，民政部门应当向人民法院申请。

用，即可能导致意定监护制度无法得到稳定的实施，实施的范围难以扩展。除此之外，《民法总则》并没有对监督人的选择进行程序性的界定，权利义务才是关于监督人规定的核心内容，但是我国的相关制度并没有对其核心内容予以明确的规定。因此笔者认为《民法总则》几乎没有针对监护监督人的相关权利和义务进行明确的界定。

综上所述，我国意定监护监督制度的规定还有待提升和补充，其并不能够在司法实践中切实起到监督监护人职责履行的作用。

4. 意定监护相关配套制度缺失

从现有立法情况来看，《老年人权益保障法》和《民法总则》的规定中都未接触到程序性事项的问题，只是以概括性的方式将其在整体的监护制度框架内提出。纵观世界其他各国对于意定监护制度设计的整个过程，程序性的事项必然会涉及登记、公证等对合同成立、生效有保障性意义的措施。但成年人意定监护制度原本就是强调以尊重当事人的意愿为出发点的，如果过多地加入强制性的程序性事项，是否会破坏制度设计所遵循的基础理念？这个问题的答案，肯定是否定的。因为在民法中的意思自治原则是相对的自由，并不是绝对的自由，自由必然需要受到法律、道德等因素的约束。民事主体虽然具有订立合同的自由，但是出于对合同实行管控的需要以及为了维护公共利益的现实需要，行政机关可以依法对合同进行形式上或实质上的审查，并且可以要求进行行政登记等事项。其他国家的成年人意定监护制度程序性保障，大都规定了公证机关登记、法院登记等形式的程序性保护制度，而我国没有规定意定监护合同的登记程序，也没有对合同公证程序的规定，这将不利于对交易安全的保护以及对未来可能发生纠纷的预防。

第四章　域外成（老）年人监护制度立法例考量

20世纪50年代以来，不少国家和地区先后在成年人监护领域进行了大规模的法律制度改革。在大陆法系国家中，法国在1968年率先对传统的禁治产、准禁治产宣告成年人监护制度进行了重大修改，随之瑞典在1974年和1989年、奥地利在1984年和1990年、德国在1992年、日本在1999年也进行了重大修改。在英美法系国家中，先后制定施行“持续性代理权”制度。美国20世纪50年代弗吉尼亚州首先制定了自愿性质的成年人监护法——持续性代理权授予法，以此为基础1969年联邦政府制定（1979年修改）《统一持续性代理权授予法》，加拿大于1978年通过《统一代理权法》，英国1985年制定、1986年施行《持续性代理权授予条例》。这种“持续性代理权”制度也被澳大利亚、新西兰等英美法系国家效仿。改革的背景主要有两个：其一是人权保护思想的兴起。联合国1948年通过《世界人权宣言》、1966年通过《国际人权规约》、1971年通过《智力迟钝者权利宣言》、1975年通过《障碍者权利宣言》。以这些宣言和规约为基础全世界兴起了一场规模浩大的法律改革运动。特别是《智力迟钝者权利宣言》和《障碍者权利宣言》的通过，对于保障障碍者的人权起了重大推动作用。人们开始认识到成年人监护或成年人照管不应该以健康人提供监护或照管为中心，而应该以障碍者的需要为中心。这一认识迫使立法者变革原来的法律理念、改革原来的法律体系。其二是社会结构发生了变化，尤其是老龄化社会的到来。随着老年人的增加，痴呆症患者也会增加。因此如何妥善解决痴呆症人的身心和生活监护、财产管理问题便迫在眉睫。

成年人监护从性质上看，可分为法定监护和意定监护。法定监护，是传统的思考方法，是一种本人事前不采取措施，陷入要保护状态后，由第三者职权性地介入其法律生活，对其给予保护的思考方法。意定监护是新的思考方法，是一种本人在陷入要保护状态前，亲自做好准备的思考方法。以此为视角，各国的改革可分为三种模式，即以德国为代表的法定监护型，以英国为代表的意定监护型，以日本为代表的混合型。①

他山之石可以攻玉。以人为本逐渐成为人们的共识。制度的设计不仅仅考虑普通人，更要适当照顾更弱势的群体，诸如精神障碍的成年者。虽然此类主体并非本书关注的重点，但希望在此处提出大家能够予以关注，并对此做进一步的深入研究。

一、域外成（老）年人法定监护制度立法例考量

（一）成（老）年人法定监护制度之英美法系立法例考量

1. 英国

英国的成年法定监护制度集中在《英国精神健康法》和《英

---

① 魏树发：《成年人监护制度的理念与立法选择》，载《福建师范大学学报（哲学社会科学版）》2007 年第 3 期。

国老年法》，以及2005年通过的《意思能力法》。[①]

（1）《英国精神健康法》规定：通过法院和公共信托局主动保护精神病人财产的管理权。

（2）英国《意思能力法》第1条规定：五项成年监护的基本原则——意思能力推定原则（第1条第2款）；支援意思决定原则（第1条第3款）；尊重不明智（愚蠢）行为原则（第1条第4款）；最佳利益原则（第1条第5款）；最少限制原则（第1条第6款）；并明确以最佳利益原则为核心。

（3）《意思能力法案》第2条对"缺乏能力者"的概念进行了详细的阐述，即根据这部法案，当一个人因为残疾或者精神或者头脑错乱而不能在某件事项上作出决定时，就可以定义他为缺少能力。并且排除了仅仅靠外表或者特殊情况将某人视为缺乏能力者的情形。该法案明确规定监护人不得决定一个人是否有能力。

该法案建立了一种新的保护法院来决定与财产、重要事项、健康和缺少行为能力的成年人财产相关的和关于部分未成年人的事情事项。该法院同样还有权力来决定某人是否有能力来作出特殊的决定。[②]

（4）英国法定监护制度的对象包括：精神障碍者、智力障碍者，身体障碍者纳入对象范围内，对有酗酒、毒瘾、浪费行为者可利用法定监护。

---

① 由于作者水平所限，未能完全查阅《英国精神健康法》和《英国老年法》，以及2005年通过的《意思能力法》之原文，书中观点来自现有文献，故可能存在理解疏漏之处，还敬请批评指正。除特别说明外，英美两国法定监护制度的介绍引自于李霞：《成年监护制度研究——以人权的视角》，中国政法大学出版社2012年版。

② 秦丽丽：《英美法系成年监护制度研究》，山东大学2008年硕士学位论文，第19页。

2. 美国

自1988年以来，美国已经有20多个州进行了成年人监护制度的改革，美国成年人监护制度由1969年的联邦《统一持续性代理权法》《统一老年法》《联邦社会保障法》《精神保健法》《美国身心障碍者法》和各州的成年人监护法组成。①

美国的成年法定监护主要规定在《联邦社会保障法》和《美国身心障碍者法》中。与英国相同，美国也采取了四元的法定监护类型，但分为财产监护、人身监护、全权监护、有限监护。

除了和英国一样，具有公权力加强保护、保护对象范围扩大以外，美国的成年法定监护制度的比较特别之处在于"法定监护适用的标准"，除了立法上规定"必须确信那个被监护不能处理他或她的个人事务"的标准，在法律适用上构建的以上三个标准，其目标是最大限度地尊重被监护人的人格尊严和自由。

（1）美国法定监护制度的对象包括：

一般来说，精神障碍者、智力障碍者作为法定监护制度的利用者。

1990年，美国通过了《美国身心障碍者法》。从此，对于身心障碍者就由该部法律以设定监护人的方式予以保护。

《美国社会保障（安全）法》对酗酒者的养老金的受领行为特别规定"由其监护人代为实施"。

（2）在法定监护中，监护人必须统一由法院任命，个人被视为无能力代表他或她自己的行为，法院将任命一个合适的监护人。

---

① Kelly, Thomas J.. A Method of Protecting Pensions in Chapter 9: Defining the Interest as a Property Right. In American Bankruptcy Law Journal. Winter 2015, Vol. 89 Issue 1, pp. 133-157.

对精神病人适用《精神保健法》的保护规定，对于有可能危及自身生命及健康的精神病人，要进行民事收容，即送到由联邦政府设置的精神福利机构予以培训和保护。对于一般的精神障碍者和智力障碍者，经由申请，由法院任命监护人①。

（3）监护开始的标准：

立法上，《美国社会保障（安全）法》将"能力欠缺者"设置监护的标准规定为"法院在任命监护人之前，必须确信那个被监护人不能处理他或她的个人事务"。该法对"能力欠缺"的定义为"指因为心理疾病、心智低下、身体疾病、老年、药物的慢性作用、慢性酒精病毒或其他导致本人缺乏足够理解能力或交流能力而有可能受到损害的人"②。

法律适用上，根据美国法定监护司法解释的演变，美国形成了三个监护标准：实质性损害标准（是指只有在相关事实和证据足以证明本人"有可能对自己或者他人造成实质性损害"之后才能对本人采取监护保护措施）、最小限制性替代措施标准（《统一成年监护和保护程序法》规定在监护判决作出之前必须先作出除监护外没有最小限制性替代措施的裁定）、功能性行为能力标准（收集与本人基本生活需要和适应性能力有关的信息，来评估本人需要什么类型的帮助和什么程度的保护才能满足需求）。

（二）成（老）年人法定监护制度之大陆法系立法考量

1. 德国民法典③

德国自 1991 年开始实行"法律上的照管制度"，并通过 1998

---

① 李霞：《民法典成年保护制度》，山东大学出版社 2007 年版，第 74 页。

② 李霞：《成年监护制度研究——以人权的视角》，中国政法大学出版社 2012 年版，第 96 页。

③ 陈卫佐译：《德国民法典》，法律出版社 2017 年版。

年的《第一次照管法修正案》、2005 年的《第二次照管法修正案》和 2009 年的《第三次照管法修正案》对其进行完善，从而形成了较完备的法律上的照管制度即法定监护制度，其相关规定主要集中在《德国民法典》的第 1896 条到第 1908 条①，其中“监护”被表述为“照管”，被监护人称为被照管人，监护人称为照管人。

改革后的成年照管制度废止了禁治产宣告和公示制度，对被监护人具体的行为能力的状态由法官在个案中进行裁决，裁决的标准是被监护人事实上的精神与心灵状态。德国的成年照管虽然采取的是单一的监护措施，实际上却是最广泛的类型。

（1）照管人的选任。照管制度下选任照管人时，要充分尊重和采纳被照管人的意见，如果被照管人对照管人的选任提出自己的意愿目标或者是排除目标时，原则上只要不违背被照管人的最佳利益，法院就应当听取被照管人的意见。被选任的照管人可以是自然人、机关或团体照管人，也可以是职业照管人，但原则上应首先选择自然人作为照管人。选任照管人没有人数上的限制，可以选任一名或多名。②

（2）照管人的职责。《德国民法典》第 1901 条③对照管人的

---

① 《德国民法典》第 1896 条设置了照管的基本条件，第 1897 条到第 1900 条作出照管人的相关规定，第 1901 条到第 1903 条规定了照管人的权利和义务，第 1904 条至第 1908 条规定了在特殊情形下，照管人为实施这些措施需要得到照管法院的特别批准，第 1908b 条至第 1908d 条规定了照管人的免职、新照管人的选任、照管和允许之保留的废止或变更，第 1908f 条和第 1908g 条是对照管社团和照管机关的特殊规定。

② 刘金霞：《德国、日本成年监护制度改革的借鉴意义》，载《中国青年政治学院学报》2012 年第 5 期。

③ 《德国民法典》第 1901 条　照管的范围、照管人的义务。（1）照管包括为了依以下规定在法律上处理被照管人的事务而有必要的一切活动。（2）照管人必须以符合被照管人最佳利益的方式处理被照管人的事务。被照管人的最佳利益也包括在其能力所及的范围内按照自己的愿望和想法计划其生活的可能性。（3）照管人必须满足被照管人的愿望，但以这样做不与被照管人的最佳利益相抵触，且对照管人（转下页注）

职责作出了总体的原则性规定。该原则要求保障被照管人能够在其力所能及的范围内按照自己的愿望和想法安排自己的生活。除了与被照管人的最佳利益原则相悖、违背被照管人的合理期待之外，照管人应当满足被照管人的愿望。这些规定充分体现了被照

（接上页注）来说是可合理地期待的为限。被照管人在照管人被选任之前已表达的愿望亦同，但被照管人明显地无意坚持这些愿望的除外。在了结重要事务之前，照管人与被照管人商讨它们，但以这样做不违背被照管人的最佳利益为限。（4）照管人必须在其职责范围内促进利用各种可能性，使被照管人的疾患或残疾得以消除好转，防止它们恶化或减轻其后果。照管系按职业执行的，照管人必须在合适的情形下根据法院的命令，在照管开始时拟订照管计划。在照管计划中，照管目标和为达到它们而采取的措施必须予以描述。（5）使取消照管成为可能的情事为照管人所知的，照管人必须将之通知照管法院。使责任范围的限制成为可能的情事，或要求扩大责任范围、选任其他照管人或命令允许之保留（第 103 条）的情事，亦同。

第 1901a 条　病人处分（1）无允许能力的成年人已以书面就其允许之不能的情形确定他是否允许特定的在确定之时尚不马上来临的其健康状况的检查治疗或医疗手术或拒绝它们（病人处分）的，照管人审查这些确定是否合乎实际的生命情势和治疗情势。如情况确实如此，则照管人必须使被照管人的意思得以表达和适用。病人处分可以随时不要式地予以撤回。（2）不存在病人处分，或病人处分的确定不合乎实际的生命情势和治疗情势的，照管人必须查明被照管人的治疗愿望或可推知的意思，并在此基础上决定他是否允许第 1 款所规定的医疗措施或拒绝它。可推知的意思必须依具体的论据予以查明。被照管人先前的口头或书面表达道德或宗教信念和其他个人价值观念尤需予以考虑。（3）第 1 款和第 2 款不依赖于被照管人疾病的性质和阶段而予以适用。（4）不得使任何人担负做成病人处分的义务。不得使病人处分的做成或出示成为订立合同的条件。（5）第 1 款至第 3 款适用于意定代理人。

第 1901b 条　为查明病人意思而进行的谈话（1）负责治疗的医生审查由病人总的状况和预后来看哪些医疗措施是适当的。在考虑到病人意思的情况 F，负责治疗的医生和照管人将这些措施作为依第 1901a 条须做出决定的基础加以研究。（2）在查明第 1901a 条第 1 款所规定的病人意思或第 1901a 条第 2 款所规定的治疗愿望或可推知的意思时被照管人的近亲属和其他信赖人应被给予表达的机会，但以无显著迟延而有可能这样做为限。（3）第 1 款和第 2 款适用于意定代理人。

第 1901c 条　书面的照管愿望、预防措施的意定代理权　占有某人已在其上就他被照管的情形表达了挑选照管人的建议或接受照管的愿望的文件的人，必须在知悉选任照管人的程序开始后，不迟延地将该文件移交给照管法院。占有人同样必须将所涉及的人已在其上授权他人代为处理其事务的文件告知照管法院。照管法院可以要求出示副本。

管人意思自治原则。

同时，为了更好地保障被照管人利益，第1903—1908条对照管人的职责作出了限制性规定，一般称之为“允许之保留”，或是“同意保留”。“同意保留”具体包括两个层面，第一层面是被照管人无须征得照管人同意、完全由被照管人权利保留的事项，主要包括婚姻的缔结、死因处分、纯获益行为及日常生活琐细事务；第二层面是需要经过照管法院同意，照管人才能过问的行为，主要包括医疗自主决定权、绝育权、安置权等①。

（3）监护监督。德国的成年照管制度有别于传统的成年监护制度，其并没有具体地规定监护监督制度，主要是由法院间接地起到监护监督的作用。首先，照管人的选任是由法院决定的，并且根据《德国民法典》第1908条②对照管人的职责作出了总体的

---

① 李昊：《大陆法系国家（地区）成年人监护制度改革简论》，载《环球法律评论》2013年第1期。

② 第1908条 在婚嫁立业资财的情形下照管法院的批准

只有经照管法院批准，照管人才能就被照管人的财产约定或给予婚嫁立业资财。

第1908a条 防备性的照管人选任和为未成年人利益而命令允许之保留。

第1896条和第1903条所规定的措施也可以为已满17岁的未成年人而采取，但须以认为这些措施在该未成年人达到成年年龄时是必要的为限。这些措施在该未成年人达到成年年龄时才发生效力。

第1908b条 照管人的免职

（1）照管人处理被照管人事务的合适性不再有保证，或存在免职的其他重大原因的，照管法院必须免去照管人的职务。照管人对必要的结账故意作假的，也存在重大原因。被照管人可由一个或一个以上其他人在职业的从事以外照管的，法院应免去依第1897条第6款选任的照管人的职务。（2）在照管人被选任后，发生不能再合理地期待他照管的情事的，照管人可以请求免去其职务。（3）被照管人建议由乐意承担照管的同样合适的人担任新照管人的，照管法院可以免去照管人的职务。（4）社团申请免去社团照管人职务的，社团照管人的职务也必须免去。如免职对于被照管人最佳利益是不必要的，则作为替代，照管法院可以经照管人赞同而宣告照管人将来作为私人继续执行照管。第1句和第2句准用于机关照管人。（5）一旦被照管人可由 （转下页注）

原则性规定。的规定，当照管人不再适合处理被照管人的事务，或是存在某些重大原因时，照管法院必须免去照管人的职务。其次，在监护执行过程中，规定照管人处理涉及被照管人医疗自主权、绝育权、安置权等事项时，必须经过照管法院的允许。这也是照管法院实施监督制度的一种体现。

2. 日本民法典①

顺应现代成年监护发展趋势，日本也在 2000 年通过修改

（接上页注）一个或一个以上自然人充分地照管，社团或机关的职务就必须免去。

第 1908c 条　新照管人的选任

照管人死亡或被免职的，新照管人必须予以选任。

第 1908d 条　照管和允许之保留的废止或变更

（1）照管的要件消灭的，照管必须予以废止。这些要件仅对照管人职责范围的一部分消灭的，其职责范围必须予以限制。（2）照管人系根据被照管人的申请而被选任的，照管必须根据被照管人的申请予以废止，但依职权的照管为必要者除外。该项申请也可以由无行为能力人提出。第 1 句和第 2 句准用于职责范围的限制。（3）照管人职责范围的扩大成为必要的，照管人的职责范围必须予以扩大。关于照管人选任的规定准用于照管人职责范围的扩大。（4）第 1 款和第 3 款准用于允许之保留。

第 1908e 条　（已废止）

第 1908f 条　认许为照管社团

（1）有权利能力的社团保证有下列情形的，它可以被认许为照管社团：1. 有足够数目的合适工作人员，将对他们进行监督和培训，并对他们在工作范围内可能加给他人的损害适当地保险。2. 尽力按计划地争取义务照管人，引导他们熟悉职责，对他们进行培训，并咨询他们以及被授权人。2a. 按计划地告知预防措施的意定代理权和照管处分。3. 使工作人员之间的经验交流成为可能。……（2）该项认许对各州有效，它可以被限制于州的个别部分。该项认许是可撤回的，且可以附负担而给予。（3）细则由州法律规定。州法律也可以规定其他认许要件。（4）被认许的照管社团可以在个别情形中，在预防措施的意定代理权被设立时咨询有关人员。

第 1908g 条　机关照管人

（1）第 1837 条第 3 款第 1 句所规定的罚款不对机关照管人予以科处。（2）机关照管人可以也依第 1807 条将被照管人的金钱向它在其中工作的团体投资。

① 王爱群译：《日本民法典》，法律出版社 2014 年版。

一系列法律[①]创设了新的成年监护制度，一般被称为成年后见制度。

（1）监护设置。首先是成年监护，也就是狭义的法定成年监护。《日本民法》第7条规定，因精神上的障碍而欠缺辨别事理的能力，且处于经常状态下的成年人适用成年监护制度。[②] 这类法定成年监护制度的适用对象的事理判断能力最为不足，正常精神状态保有的困难使得他们的事理能力的不存在属于惯常之中。在这一法定成年监护之中，承担监护照看职责的主体被称为成年监护人，成年监护人对成年监护制度的适用人所实施的民事法律行为享有撤销权。

其次是保佐。《日本民法》第11条中规定的这种保护方式的适用对象是因为精神障碍的出现而导致事理辨识能力发生问题的成年人。[③] 相较于需要适用狭义的法定成年监护的自然人，这类人没有出现常态化的精神状态缺失，他们仍旧具有部分的事理判断能力，但是精神方面的障碍使得他们的判断能力被降低。这种法定成年监护类型与日本旧民法中的准禁治产制度相当，准禁治产制度保护的是精神耗弱之人与浪费之人。在保佐之下，法律为辨识能力不

---

① 这些法律具体包括：《关于修改民法的一部分法律》《关于任意监护契约的法律》《关于监护登记等的法律》《关于伴随实施〈关于修改民法的一本分法律〉修改有关法律的法律》。

② 《日本民法》第7条规定：对于因精神上的缺陷而缺乏对事物的判断能力且处于常态的人，家庭法院可以基于本人、配偶、四亲等内的亲属、监护人、保佐人或检察官的请求，对其作出开始监护的裁定。

③ 《日本民法》第11条规定：对于因精神上的缺陷造成对事物的判断能力显著低下、不能完全辨认自己行为的人，家庭法院可以根据本人、配偶、四亲等内的亲属、监护人、监护人的监督人、辅助人、辅助人的监督人或检察官的请求，对其作出开始保佐的裁定。但是，属于第7条规定原因的人，不在此限。

足之人指定的保护人被称为保佐人。在这种情况下，被保佐人为特定行为、从事特定活动需要经过保佐人的同意。①

最后是辅助。《日本民法》第15条第1项规定，事理辨识能力因为精神上障碍的存在而无法充分存有的成年人可以适用辅助制度。② 与需要适用保佐制度的成年人相比，这类人的事理判断能力的存有量相对更为乐观，保护轻度痴呆症患者为这一制度的设立目的。在辅助制度中，承担辅助职责的主体被称为辅助人。由于辅助人仅是在“特定的法律行为”上经由被辅助人同意而获得了代理权限，③ 所以被辅助人的行为能力可以不受到限制，被辅助人可以独立参与授予范围之外的大部分民事活动。被辅助之人仅是在为辅助约定授予范围之内的行为时才需要得到辅助人同意。

（2）法定成年监护的启动方式。日本民法典规定，法定成年监

① 被保佐人从事“借款或保证”（《日本民法》第13条第1项第2款）、“以不动产或重要动产权利的取得、丧失为目的的行为”（该项第3款）等一定的行为的，需要保佐人的同意（《日本民法》第13条第1项）。对于需要保佐人同意的行为，如果保佐人在不存在损害被保佐人利益的危险情况下不作出同意的表示，家庭法院可以在被保佐人提出请求时作出许可以代替同意（《日本民法》第13条第3项）。在保佐人等提出请求时，家庭法院“为了被保佐人的利益，对于特定的法律行为可以作出授予保佐人代理权的审判”（《日本民法》第876条第1项）。在此场合，需要被保佐人的同意（该条第2项）。代理权的对象只是变为“特定的法律行为”，不受第13条第1项列举的要同意事项的限制。

② 《日本民法》第15条第1项规定：对于因精神上的缺陷不具有完全事物判断能力之人，家庭法院可以依据本人、配偶、四亲等内的亲属、监护人、监护监督人、保佐人、保佐辅助人或检察官的请求，对其作出开始辅助的裁定。但是，属于第7条或第11条中规定的原因的人，不在此限。

③ 《日本民法》第876条之九规定：家庭法院可以根据第15条规定的人或辅助监督人的请求，就为被辅助人而为的特定法律行为，作出赋予辅助人代理权的裁定。第876条之四第2款及第3款的规定，准用前款的裁定。

护应当依据当事人的申请启动,[①] 即有权申请人向法院提出监护审判申请是监护制度启动的唯一原因。在申请权人提出申请后，家庭法院应当给出处理结果并附带明示裁判理由，无论是作出裁决还是驳回当事人的申请都是如此。依据《日本民法》第 7 条、第 12 条、第 14 条的规定，本人、配偶、四亲等之内的亲属以及检察官为有权申请人。但是有学者指出，在日本家庭规模原子化的情况下，被申请人的兄弟姐妹彼此并不一定就居住在一起，他们很可能相隔较远。彼此空间上的距离使得当事人间很难产生紧密的情感联系，因而互相之间关心对方行使自己的权限成为申请人并不是一定会出现。此外，日本法律并不承认事实婚姻的配偶或者是未办理收养登记的事实上养子的身份，在这样的环境下被申请人可能会因为出现申请权行使事实上的落空而被置于不利地位。所以，立法者应当允许公权力机关，例如法院，在此特定的情形下能够依据职权启动监护审判程序。[②] 对于在没有成年之时

---

① 《日本民法》第 7 条规定：对于因精神上的缺陷而缺乏对事物的判断能力且处于常态的人，家庭法院可以基于本人、配偶、四亲等内的亲属、监护人、保佐人或检察官的请求，对其作出开始监护的裁定。

《日本民法》第 11 条规定：对于因精神上的缺陷造成对事物的判断能力显著低下、不能完全辨认自己行为的人，家庭法院可以根据本人、配偶、四亲等内的亲属、监护人、监护人的监督人、辅助人、辅助人的监督人或检察官的请求，对其作出开始保佐的裁定。但是，属于第 7 条规定原因的人，不在此限。

《日本民法》第 15 条规定：对于因精神上的缺陷不具有完全事物判断能力之人，家庭法院可以依据本人、配偶、四亲等内的亲属、监护人、监护监督人、保佐人、保佐辅助人或检察官的请求，对其作出开始辅助的裁定。但是，属于第 7 条或第 11 条中规定的原因的人，不在此限。按照本人以外之人的请求作出开始辅助的裁定的，必须经过本人的同意。开始辅助的裁定，必须与第 17 条第 1 项或第 876 条之九第 1 项的裁定同时作出。

② ［日］孝刚：《东亚成年监护制度的比较》，李国强译，载《吉林大学社会科学学报》2013 年第 2 期。

即出现精神障碍的自然人，他的法定成年监护制度启动的申请人应当包含有其在未成年阶段即配有的监护人。由此，当这一类型的自然人成长而后达到成年年龄之时，法律对他们的保护可能就不会出现落空，监护制度也就具有了连续性。

（3）监护人的选任。依据《日本民法》第 847 条的规定，除曾经担任法定代理人、保佐人或是辅助人却被家庭法院罢免，或是本人、本人的配偶或是直系血亲正在或是曾经对被监护人提起诉讼的，任何自然人或是组织都可以成为法定成年监护制度中的监护人。[①] 在选任监护人时，《日本民法》第 843 条第 4 项规定，家庭法院需要考察选任人是否符合民法法律有关监护人职责担任的要求。[②] 最为引人注目的是，修改后的日本民法典删除了旧民法中被申请之人配偶当然成为他或她的监护人的规定，被申请人的在世配偶不再必然就是他或她的成年监护人。立法者考虑的是，被监护人的配偶通常与被监护人年龄相似，在被监护人年老认知能力出现减退时，其也处于年老状态，所以法律无法期待他们能够正确地护理被监护人，保护其人身财

① 笔者注：《日本民法》第 847 条规定：下列人不得成为监护人：（一）未成年人；（二）家庭法院罢免的法定代理人、保佐人或辅助人；（三）破产人；（四）对被监护人提起诉讼或曾提起诉讼的人及其配偶、直系血亲；（五）去向不明的人。

② 笔者注：《日本民法》第 843 条规定：家庭法院裁定监护开始时，依照职权选任成年人监护人。成年人监护人缺任的，家庭法院根据成年人监护人或其亲属及其他利害关系人的请求，或者依照职权，选任成年人监护人。选任成年人监护人时，家庭法院认为有必要时，根据前款规定的人或成年人监护人的请求，或者依照职权，再选任成年人监护人。选任成年人监护人时，应当考虑成年人监护人的年龄、身心状态或生活及财产状况、成年人监护人的职业及经历、与成年人监护人之间是否具有利害关系（成年人监护人为法人的，该企业的种类、内容及该法人、法定代表与未成年人监护人是否具有利害关系）、成年人监护人的意见及其他具体情况。

产权益不受侵犯。[①] 况且被监护人的配偶并不一定就具备专业的金融知识，相关金融专业知识的缺乏可能会使得被监护人财产安全遭受侵害。统计数据证实了这一观点：2010 年的统计数据显示，在全部 28606 件涉及成年监护的案件中，配偶、成年子女等亲属被选任为成年监护人、保佐人或是辅助人有 28606 件，其中配偶出任监护人的有 1636 件，父母出任监护人的有 1267 件，子女出任监护人的有 8225 件，也就是说亲属出任监护人的案件在所有案件中占比 58. 6%。而第三人（包括律师、司法代书人、社会福利人等）担任监护人在所有案件中占比 41. 4%，在这当中 2918 件是律师担任监护人，4460 件为司法代书人担任监护人，2553 件为社会福利人担任监护人。此外还有 140 件是选择熟人担任监护人，另有 961 件是选择法人担任监护人。对比过往的数据，在 2004 年，有 80% 的自然人选择了自己的亲属担任监护人，而这一比例在 2000 年更为 91%。[②] 由此可知，亲属出任监护人的比例呈现逐年下降的趋势，即有越来越多的需要被监护的成年人选择了亲族之外具有与监护相关的专业知识的个体担任自己的监护人。

需要补充的是，在日本，法人监护人概念指称的是，如隶属于法人司法书士会的司法援助科、各地的社会福祉协议会、社会福祉士会的机构。[③] 对于疑难复杂的亲属间纠纷案件，法人监护

---

① ［日］孝刚：《面向 21 世纪的日本成年监护制度》，刘善华译，载《上海政法学院学报（法治论丛）》2012 年第 4 期。

② 张继元、［日］税所真也：《老龄化背景下日本成年监护制度运用状况及启示》，载《社会保障研究》2016 年第 2 期。

③ ［日］田山辉明：《日本成年监护制度——少子、老龄社会的法律制度》，顾祝轩译，载《交大法学》2015 年第 3 期。

人具有优于其他类型监护人的资源。个人独自处理的困难事务，时间拉锯长的案件，法人都能够更为轻松地应对。对于没有财产、无依无靠需要得到法定成年监护制度保护的成年人，法人也可以为其提供帮助，成为监护人。但是，法人监护人也存在一定的弊端。法人不能够像自然人监护人那样与被监护人产生亲密关系，主体之间的信赖关系很难形成。并且法人监护人的意思决定很难形成，可能需要花费较长的时间，也就是说法人监护职权的行使可能会缺少如自然人般的机动性。此外在实践中，找寻适当第三人监护人并不那么容易，在日本，第三人监护人的数量存有缺失。针对这一局面，部分自治团体开始培养市民监护人，家庭裁判也参与到监护人选任的活动当中。需要指出的是，市民监护人的培养团体需要对被选任的市民监护人进行持续的监督，并提供支援。有学者指出专门的成年监护人才应当是法定成年监护职责的承担人。①

（4）监护人的职责。《日本民法》第 859 条第 1 项赋予了法定成年监护人在有关被监护人“关于财产的法律行为”上具有代理权，② 不过成年监护人并不具备关涉被监护人家产管理事务的代理权。《日本民法》第 858 条规定，法定成年监护人行使职权时应当考虑被监护人的心智状况，尊重被监护人本人的意思。③

关于监护人在医疗行为方面对被监护人是否享有代理权，学

---

① 张继元、[日] 税所真也：《老龄化背景下日本成年监护制度运用状况及启示》，载《社会保障研究》2016 年第 2 期。

② 笔者注：《日本民法》第 859 条第 1 项规定：监护人管理被监护人的财产，并就有关财产的法律行为代表被监护人。

③ 笔者注：《日本民法》第 858 条规定：成年监护人在为成年被监护人的生活、疗养看护及财产管理事务时，应当尊重成年被监护人的意思，并且应当照顾被监护人的身心状态和生活状况。

界观点并不相同。有的学者认为，对医疗行为的同意应当专属于被监护人自身，即使是被监护人的家属也不应当享有这种权利，不能够代替被监护人本人作出医疗决定，医生、医院等医疗机构应当自行承担这种风险。医疗机构可以通过设置审查机关，依靠审查机关的判断来解决争议问题。①

（5）复数成年人监护制度。《日本民法》第 843 条第 3 款规定，家庭法院可以在认为有必要时按照成年监护人选任的法律规定为被监护人再行选任成年监护人。② 此即日本民法中的复数监护人制度。《日本民法》第 859 条之二还规定，家庭法院可以依职权确定各名监护人能够分别或共同管理的事务以及权限。③ 这涉及的是复数监护人的监护事务分担、权限共同行使等内容。所谓事务的分担指的是将财产的管理与家产的护理等职权赋予不同的人员，即由律师或信托银行管理财产，并由被监护人的成年子女或是社会福祉士护理家产。④

（6）监护监督。日本成年法定的监护监督机关主要有两类主体，分别是监护监督人和家庭法院。监护监督人是家庭法院选任的，主要职责就是通过听取监护报告或查看财产目录等方式监督监护人的监护行为。同时，对监护人代理被监护人从事的某些特

---

① ［日］孝刚：《东亚成年监护制度的比较》，李国强译，载《吉林大学社会科学学报》2013 年第 2 期。

② 笔者注：《日本民法》第 843 条第 3 款规定：选任成年监护人时，家庭法院认为有必要时，根据前款规定的人或成年监护人的请求，或者依照职权，再选任成年人监护人。

③ 笔者注：《日本民法》第 859 条之二规定：成年人监护人为数人的，家庭法院可以依照职权规定各成年监护人单独或数人的成年监护人分别管理事务，行使该权限。

④ 这里的家产护理指的是看护设施的入住契约的代理等行为，并非家产的护理看护等事实行为。

定行为，需要事先取得监护监督人的同意。监护监督人还负有对监护结束时的清算行为进行监督的义务。家庭法院的监督职责主要体现在负责监护开始、变更、终止的审判，负责监护人的选任、辞任等具体监护事项。

3. 法国民法典①

法国于1968年1月3日颁布第68－5号法律，废除了原来的禁治产和准禁治产宣告制度，改为现在包括“司法保护”“受监护”和“财产受管理”三元化的成年法定监护制度。

（1）法国确定的监护这一项制度，和我国一般的监护制度无异，存在两种情形：一是被监护人是完全丧失行为能力的人，监护人则是被监护人的配偶。二是若存在配偶因一些客观或主观原因无法担任监护人的情况，可经被监护人、其配偶或其他利益关系人的申请而另行确定监护人。监护人具体的责任范围则是由法院根据专业的医疗意见来进行确定，由法院划分出被监护人的哪些权利可以由监护人代为行使。

（2）司法保护制度所保护的是身心障碍较轻，存在一定的意思能力和行为能力的对象，被司法特殊保护的对象最大的特点就是保留其行使自己的权利的能力。相对于监护和财产管理制度，司法特殊保护制度更是一种前置的保护性措施，当监护制度或者财产管理制度启动后，司法特殊保护制度自然停止。②

（3）财产管理制度是针对那些不是完全不能实施自己行为，但需要得到指导和监督的成年人，以及有挥霍败家行为的成年

① 罗结珍译：《法国民法典》，北京大学出版社2010年版。

② 王嘉琦、刘淑波、檀再斌：《大陆法系老年人监护制度及启示》，载《长春理工大学学报（社会科学版）》2017年第30卷第2期。

人。对成年人实行财产管理，要求法官认定当事人的精神官能受到损坏和当事人有必要受到指导和监督。

法国的成年法定监护制度与前述的国家所设制度类型不一样。但其本质也是针对不同成年人的情况，而适用不同的监护制度。

（三）域外成（老）年人法定监护制度评析①

法定成年监护制度的改革发展是源于其所存在的每个社会的经济状态的，作为基础的社会经济的发展状态促使作为上层建筑的民事法律制度更新升级。肇始于罗马法的成年监护制度（即禁治产制度）原本是为保护家族财产而创设。到了近代，禁治产与准禁治产制度以交易安全的保护为制度运行的目的。“二战”后，改革了的法定成年监护制度将尊重与保障人权作为制度创设施行的核心点。如今，人口老龄化加速的现状使得各国又重新审视法定成年监护制度，其中共性和值得借鉴的地方主要表现在以下几个方面：

1. 法定成年监护制度适用范围扩张，行为能力的宣告不再是设置监护的前置程序

考察立法例，我们可以发现法定成年监护制度的适用对象被扩张。以日本民法典为例，原本的禁治产与准禁治产制度以心智存有障碍之人和挥霍浪费财产之人为适用对象。在修法后，日本民法典使用概括化的语言对法定成年监护制度的适用对象进行描述，即事理辨识能力因为精神上障碍的存有而出现欠缺的成年人。针对成年人心智丧失程度的不同，他们能够分别适用监护、

① 由于英美法系法定监护制度相关资料有待进一步完善，为保证评析的准确性，避免制度解析的偏颇，所以本部分的内容以大陆法系立法例为研究对象。

保佐与辅助制度。其中辅助制度为日本民事立法修改后新设，这类法定成年监护制度以病情较轻的痴呆症患者为适用对象。这样的修法活动与国际上法定成年监护制度改革的趋势一致。又如改革后的《德国民法》，其在第1876条第1款规定成年人因为身心障碍的存在或是罹患精神疾病的可以适用法定成年监护制度。再如《法国民法》。其在第425条规定，所有意思表达能力由于精神或身体官能受到伤害丧失且无法保护其自身利益的成年人，在经过医疗机构确认后都可以适用法定成年监护制度。相比于旧有的禁治产制度，改革后的成年监护制度将其适用对象的准入门槛降低，即使是没有达到重度、中度精神障碍的成年人也可以从立法中获得保护，由此社会上更多的弱势群体有了保障。与法定成年监护制度改革相伴发生的是被监护人行为能力宣告的废除，即旧制度在向成年人施加监护的同时全部剥夺或是部分剥夺被监护人的民事行为能力。如今，改革后的日韩两国的民事立法通过授予法官以一定的自由裁量权，要求法官在审判中根据被监护人认知辨识能力欠缺程度的不同，为他们安排对应的法定成年监护制度适用。除此之外，日韩两国民法典还保留了心智障碍之人参与与其日常生活相关的民事活动的权利。《日本民法》第9条规定，法定成年监护人只可以撤销被监护人实施的与日常生活用品购买无关的行为。①

2. 设置分层级、多种类的监护措施更好匹配行为能力各有差异的老年人的监护需求

在“尊重自我决定权”和“生活正常化”理念的指导下，法

① 《日本民法典》第9条规定：成年被监护人的法律行为可以撤销，但购买日用品等其他有关日常生活的行为不在此限。

定成年监护制度以补充性和必要性为立法原则。对被监护人的行为能力进行补足是法定成年监护制度设立的出发点，因而监护措施的设置应当是有限制的。也就是说，立法应当关注每个法定成年监护制度的适用人残存能力的差异，据此设置相对标准化的不同的法定成年监护类型。

法定成年监护制度现在以一元论的德国模式，以及多元论的如日本的模式为代表。

一元论的德国模式，称为照管制度。这种法定成年监护制度是通过授予法官相对宽泛的自由裁量权，要求法院根据每个人的不同情况安排成年监护措施。即德国的法定成年监护立法本身并没有区分制度适用人认知辨识能力的内容，在监护方式的标准和要求上只作原则性的规范。如果遭遇个案，法官需要对每个可能的被适用人的实际情况进行考察，在探究知晓当事人心智状况的情况下，根据本人认知辨识能力受损程度的不同量身定制具体的法定成年监护内容。最大限度保护照看制度适用人的利益是法官裁判的依据，并且制度适用人在其自我决定范围内自由安排本人的事务的权利需要得到尊重。

多元论的法定成年监护模式有多种，日韩两国民事立法采用的是三元论的制度设置方式。具体来说，日本民法典规定了监护、保佐与辅助三种法定的成年监护类型，韩国民法典确定了成年监护、限定监护与特定监护三种法定的成年监护方式。以日本民法典为例，立法者在第 7 条、第 11 条与第 15 条之中分别阐述了三种法定成年监护制度的适用主体。监护的适用要求成年人的事理辨识能力受到精神疾病的影响而出现障碍，并且被监护人本人的这种辨识缺陷状态是一种常态。保佐的适用需要适用人的事理辨识能力存有显著不足，并且是由精神疾病导致。也就是说，相较于能够适用监护的成年人，这类成年人虽然出现了常态化的事理辨识能力缺失，但是尚且没有落入最为严重需要适用监护的程度。辅助以事理辨识能力不完全之人为适用对象。即相较于能够适用前两类法定成年监护方式的自然人，这部分人的心智欠缺程度最为轻缓，具体来说指称的是患有轻度痴呆症的成年人。与此相对应，三类人行为能力的受限制程度也不相同，应当呈现出依次递减的状态。根据《日本民法》第 9 条、第 859 条的规定，适用监护的成年人需要监护人来实施与财产有关的法律行为，被监护人实施的未经监护人同意的行为能够为监护人撤销。《日本民法》第 13 条第 1 项规定保佐制度的适用人在实施此条法律条文中所列述的行为时需要得到保佐人同意，保佐制度适用人违反这一规定实施的行为能够为保佐人撤销。《日本民法》第 876 条之九规定了辅助制度设置时，辅助人同意权与代理权授予的问题。经过被辅助人同意的或是授予代理权的事项对其本人具有约束力，被辅助人未经同意实施的这些行为能够为辅助人撤销。

3. 监护人的选任更充分尊重被监护人的意愿，并从正反两个方面对监护人任职资格进行明确限制

德国《照管法》中以法律条文的形式明确将尊重和采纳照管人意见作为监护人选任的原则，但是对担任监护人的资格没有具体的要求。德国对照管人的选任有顺序限制，只有当自然人不能充当监护人时才能从职业照管人中选任。笔者认为，德国照管制度对监护人选任的顺序限制是不恰当的。监护人选任主要是符合被监护人的最佳利益，一般来说，职业照管人在承担监护责任时在财产管理等方面更具有专业性，更能保障被监护人权益。日本

在监护人选任上没有这种顺序限制的规定，选择自然人或是法人都可以。日本的任职资格有明确的要求，从正面来说，要从被监护人和监护人角度综合考虑。被监护人的意愿、身体和精神状况、生活和财产状况，监护人的意愿、是否具备监护能力、职业、品行、阅历等都是需要考虑的因素。从反面来说，与被监护人有利益纷争或去向不明等其他缺格事由的人不应当被选任为监护人。这种正反两方面的规定方式更好地界定了监护人资格，具备合理性。

4. 在老年人法定监护制度中明确规定监护人限制职责的范围

对于法定监护制度中监护人的监护职责，德国照管制度未进行具体阐释，原则性地规定为“照管人必须满足被照管人的愿望”。但是德国照管制度中规定“允之保留条款”，对被监护人的同意权进行保留，监护人不能在这些限制范围内代替被监护人作出决定。日本的成年监护制度中都有对监护人监护职责的正面列举，监护人监护职责在三级监护模式下层层递进，且每个层级都有限制监护人干预的领域。一般来说，对不动产的处分以及与人身密切相关的领域，监护人或是不能代替被监护人作出决定，或是处分行为要得到法院的许可。

5. 完善法定老年人监护监督机制，引入监护监督人这一私力监督主体

前述国家成年监护制度中，法院在法定监护制度的设立、变更、终止等情形中都起到不可替代的监督作用。日本的成年监护制度中更是设立监护监督人制度来约束监护人的行为，防止监护权的滥用。笔者认为监护监督人制度能够有效弥补法院在监督细节方面的不力，进一步审查监护人履行职责时是否尊重被监护人

的意愿，值得我国借鉴。

二、域外成（老）年人意定监护制度立法例考量

（一）成（老）年人意定监护制度之英美法系立法考量

美国在成年人意定监护制度的发展过程中扮演着开拓者的角色，而英国的相关制度则是在美国的制度基础上建立起来和发展完善的，并逐步得到了社会的认可，因此，了解美、英两国的制度有助于我们更深刻地理解成年人意定监护制度。

1. 美国意定监护制度——持续性代理权授予制度

美国的意定监护制度通常称为持续性代理权授予制度，美国单行法《统一持续代理权法》[①]，第1条明确规定了其定义，指本人以书面形式在意思能力健全的时候授予他人在本人出现意思能力衰退的情况时一定范围事项的代理权，除去在合同中表明了终止时间这一情形，否则该代理权的效力自被赋予时启动，持续有效且不受时间的限制。这一内容是对旧有法律关于委托代理制度相关

---

① 美国的持续性代理权授予制度最先起源于1954年弗吉尼亚州关于持续性代理权授予制度变革的立法，1969年，联邦政府修订了《统一遗嘱认证法典》（*the Uniform Probate Code*），将持续性代理权授予概念引入联邦立法中，1979年，美国联邦政府颁布了《持续性代理授权法案》，随后大多数州的立法都采用了此概念和此项立法，2004年对其进行了修订，2006年颁布了《统一持续代理权法》进一步确立了持续性代理制度的效力。

美国的统一代理权法案体现的是对老年人充分的尊重。老年人可以在意思健全时选择自己信任的代理人，该代理人的代理权不受本人无行为能力精神障碍或者时间的影响，当本人无行为能力时，该代理权开始生效。除非指定了结束时间，代理权的效力自设立开始不受时间的限制，对于代理权人的选任和代理权人的代理范围甚至授权书使用何地法律，都由老人自己确定。那么，与其相对应的问题是，成年人的意思自由优先，而对代理权人的监督不足，容易导致代理人滥用代理权。

内容的改进，即表示为给代理人赋予的代理权持续有效，且不受本人是否具备了行为能力或是否存在一定程度上的精神障碍的影响。据此，我们可以看出该制度设立的初衷就是填补法定监护制度存在的漏洞与不足。此外，该制度从成立到生效除了要具有委托合同所要求的一般法律要件之外，还要具备法律要求的相关形式要件，因而，可以看出该制度的本质为要式法律行为。

美国持续性代理权授予制度需具有的内容要点如下：

（1）构成要件：为本人在授权时具有赋予代理人持续性监护权的真实意思表示，且具备完全行为能力，并采用书面合同[①]订立的方式。

（2）分类：按照代理内容的性质可以分为人身照护和财产性管理的代理权；按照生效的要件可以分为立即生效、附条件停止以及延后的代理权。

（3）代理人的选择：由本人根据自己的意志进行选择，公权力一般不强行进行干涉[②]。

（4）代理人的权限：其权限分为可授予的权限与不可授予的权限。在财产事务的照管上，其权限与传统代理制度中权限范围

---

① 美国的持续性代理权采用的是民法上代理权的有关概念和制度，美国的统一代理权法案形成的老年人监护体系是以本人与代理人之间签订的授权委托书为核心的，将本人与代理人之间的权利义务关系通过授权委托书加以明确，有点类似于我国《合同法》所规定的委托合同。

② 但法律有关于健康护理决定的代理人资格的限制，除非是血缘、婚姻和收养关系，代理人不得是委托人的业主、雇主。委托人可以指定任何人作为他的健康护理决定之代理人，如果没有该种指定或被指定人不合理，下列委托人之近亲属可以按照先后顺序成为他的健康护理决定之代理人：配偶（法定分居除外）、成年子女、父母、成年兄弟姐妹，如果前款所列人员无合适代理人，熟悉被代理人个人价值取向的合适成年人可以为被代理人提供特殊照顾。

是大致相似的，本人可按照自己的意志将委托事务（比如信托、保险、买卖等财产事项）逐一罗列出来，并编制本人的重要财产清单并附随在该合同中，在授权属于概括性授权等情况下，还需要在编制的财产清单中加以注明。有关本人的人身照护事宜[①]，由于人身照护事宜涉及本人的切身利益，因此一般是在本人欠缺相应的行为能力时始得生效，其照管的内容包括众多事项，比如是否接受健康护理、医疗救护、入住福利机构等，没有列明的款项都推定为委托人的有意排除。当然也存在概括授权的情况，在此种情况下本人不欲赋予代理人的特定权限也应详细载明。

（5）监督制度：关于监护监督，美国选取的模式是非正式的监督体制，要求代理人向特定的第三人履行定期汇报义务，并予以该特定第三人废除代理契约的权限。

（6）生效、终止条件：持续性代理授权书的生效时间为契约条款中指定的两名医师发出确诊书确认本人已丧失行为能力时，也就是表明本人欠缺行为能力时监护契约生效；而持续性代理授权的终止事项，囊括当事人自愿终止、死亡、代理人丧失民事行为能力、特定第三人终止等[②]。

2. 英国意定监护制度——持续性代理权授予制度[③]

英美两国都是英美法系的代表性国家，在美国制度的影响

---

① 在人身事务的照管上，被监护人可以做出关于健康护理决定的指示，该种指示可以是口头也可以是书面的，该种指示在特定情形发生时生效。

② Darlene Yee - Melichar and Andrea Renwanz Boyle, "Assisted Living Administration and Management: Effective Practices and Model Programs in Elder Care", Springer Publishing Company, LLC, 2011, p. 334.

③ 英国的《持续性代理权授予条例》本身并非完整法典，而是由英国普通法及1971年《代理权授予条例》修正、补充而成。该法以本人意思能力丧失后，代理权仍然可以继续存续为主要目的，其诞生使本人选任持续性代理人愿望得以完全实现。

下，它们的持续性代理制度被建立起来了。在制度的主体、生效、代理内容等方面，英美两国具有相当大程度上的共通性。英国的持续性代理权授予制度，从1985年的《持续性代理权授予法》（EPA）确定下来，经2005年《意思能力法》完善为新的持续性代理权指端（LPA），两者的区别在于，LPA不仅是财产管理，也是关于医疗行为及全部生活的意思决定的代理制度，集身体照管事项和财产管理事项于一身。[①] 新持续性代理权授予制度，设立了监护监督制度，让保护法院成为监督人，从而力图防止代理权滥用，这是"尊重被监护人的自主决定权"和"加强公权力监督"的平衡。同时，还明确了代理权的限制和代理权消灭事由，为了更好地防止代理人滥用权力而侵害到被监护人的权益。英国持续性代理权授予制度的内容要点如下：[②]

（1）持续性代理权制度的基本原则。英国《意思能力法》第1条规定：五项基本原则[③]——意思能力推定原则（第1条第2款）；决定能力推定原则（第1条第3款）；决定能力歧视禁止原则（第1条第4款）；最佳利益原则（第1条第5款）；最少限制原则（第1条第6款）；并明确以最佳利益原则为核心。[④]

---

① 李霞：《成年监护制度研究——以人权的视角》，中国政法大学出版社2012年版，第258页。

② 胡淑芳、魏树发：《试述英国新持续性代理权制度及其对我国构建意定监护制度的启示》，载《大庆师范学院学报》2009年第29卷第2期。

③ 五项基本原则：意思能力推定原则，即除有明确证据证明之外本人都具行为能力；决定能力推定原则，除采用实际必要的方式以援助本人而宣告其决定无效之外，不应认为本人不具有决定能力；决定能力歧视禁止原则；最佳利益原则，代本人作出决定均须以维护本人最佳利益为出发点；最少限制原则，在代理人行使代理权时须对本人的行为能力行使产生最少的限制。

④ 李霞：《成年监护制度研究——以人权的视角》，中国政法大学出版社2012年版，第80—85页。

（2）意思能力欠缺的评估及照护人的行为准则。首先，在总则中规定了“意思能力推定原则”即除已经确认为欠缺意思能力人外，凡自然人都应被推定为具有完全的意思能力。

其次，英国《意思能力法》第2条将欠缺意思能力人的定义表述为：任何自然人如因精神或头脑的机能欠缺或障碍，对某事项应该做决定的时候，却处于不能亲自决定情况下，那么其在该事项上就欠缺意思能力，而不论该受损或障碍是永久性的还是暂时性的。

最后，英国《意思能力法》第3条规定了自然人决定能力的有无判断基准。自然人如其不能：①了解做决定的相关资讯；②记得该资讯；③评价或使用该资讯作为做出决定的一部分要素；④能够把自己的决定用语言、手语或其他方法传达，其即为不能自己做决定。任何人若能了解以适合他的条件的方式对他所做的解释（无论是使用简单语言、视觉教育还是其他任何方法），就不得认定此人不具备了解与所做决定相关资讯的能力。某人虽仅能短暂地保留做决定的相关资讯，并不能妨碍其被认为有决定能力的事实。关于决定的资讯包括合理预测一个方式或另一个方式的决定，或未能做决定的结果资讯。

（3）持续性代理权的主体必须适格。《意思能力法》第10条规定：本人在签订授权书时必须已满18岁且应具备签约的意思能力。代理人由自然人担任的，该自然人应年满18岁。其代理事项范围不局限于财务方面，尚可涉及身体照护方面。但对于本人财产或一般日常事务进行代理时，必须是未受破产宣告的自然人；如一定资格法人（信托公司）充任持续性代理权人的，其代理事项仅限于财产事务，且必须未受破产宣告。

持续性代理权在双方以书面方式签订授权书合法有效并向法院登录的情况下才发生。

（4）代理人的权利范围。关于代理人的代理权限，英国《意思能力法》第9条规定：本人可就以下全部或部分事项授予代理人以决定权：

A. 本人个人福祉或与本人个人福祉有关的特定事项；B. 本人财产及一般日常事务或与本人财产或一般日常事务有关的特定事项，并且包括本人完全丧失意思能力情况下为其决定的权限。此外，本法第12条还对代理人得处分本人财产将其作为礼物的条件予以明确：

拥有财产或日常事务代理权人，在一定条件下，如依习惯，在节日赠送亲戚或与其有关的人，或本人曾指明的慈善机构或可能期望其作为礼物，若每件礼物的价值占本人财产总额的比例合理，则得处分本人的财产将其作为礼物。

（5）代理人的权利限制。关于代理人权限的限制，《意思能力法》第11条规定：第一，持续性代理权受本法基本原则及持续性代理权授予契约的限制。第二，代理人不得随意限制本人自由，除非出现以下几种情形：第一种情况是本人欠缺或代理人合理相信本人缺乏某问题事项的意思能力；第二种情况是代理人合理相信为避免对本人的伤害有必要限制本人的自由；第三种情况是对本人自由的限制与本人遭受的伤害可能性及程度是合乎比例的。持续性代理权契约得就这三种情况下限制本人自由进行约定。此外，代理人对本人自由的剥夺必须符合《欧洲人权公约》第5条第1项的规定。

英国《意思能力法》第27—29条规定：持续性代理人并非

代理本人的一切事务，而是设有限制。一是家庭关系方面的，规定禁止任何人代理本人为下列事项：同意婚姻或民事伴侣；同意发生性关系；同意基于裁定两年分居的离婚命令；同意基于裁定两年分居的伴侣关系；同意由收养机构基于收养的安置关系；同意订立收养命令；解除无关儿童财产的父母责任；同意基于1990年人类受胎及胚胎学规定。二是精神卫生法方面的：该法未授权任何人给予或同意给予因精神障碍病患药物治疗。三是政治权利方面的：该法不允许代理本人进行有关公职人员、公民投票、选举投票。

（6）持续性代理权的消灭事由。持续性代理权可因以下原因发生消灭：①本人于有意思能力时或破产时撤回代理权；②代理人辞任；③代理人破产；④代理人死亡。

（7）无代理权或代理权撤回时对代理人或其他人的保护代理权消灭后，法律保护善意代理人或第三人。《意思能力法》第14条规定：若授权书已经登录而作为持续性代理权之用，但是持续性代理权实际并未发生，除行为当时知悉持续性代理权未发生，或若代理权已经发生，而其得知情况将终止其为代理人权限外，不论登记在作为或处理问题时是否已经撤销，代理人权利的行使不因代理权的不存在而对本人或第三人负任何责任。除该人在交易时知悉该事外，若代理权存在，代理人与其他人间的任何交易为有效。

（8）持续性代理权人监护监督制度。为防止代理权的滥用，新法设立了公权力介入的监护监督制度。保护法院有权对于持续性代理权的发生、运作进行监督。如规定持续性代理权授予契约必须向法院登录方能发生法律效力，持续性代理权发生的要件具备与否应由保护法院作出裁定等。

（二）成（老）年人意定监护制度之大陆法系立法考量

德国是大陆法系的代表性国家，其也是大陆法系中第一个设立监护制度的国家，日本也存在成年人意定监护制度，但是日本是参照德国而设立该制度的，且中日文化都属于典型的亚洲文化，中国成年人意定监护制度的完善也离不开对德、日两国的比较研究。

1. 德国意定监护制度——防老授权制度

德国原先适用的禁治产制度已无法满足现实社会的需要，德国废除了过往的“禁治产制度”[①]，并在现有的监护制度上做出了改革。在1990年通过了《照护法》，设立了照护制度，即德国的法定监护制度。随后进行了两次修订，1999年第一次修订，照护制度从以法定监护为中心向意定监护转移；2005年第二次修订，增设了“预设性代理权”，该制度即为德国意定监护制度的底子。照护制度与预设性代理权共同构成了德国改革后的成年人监护制度，且相较于照护制度，预设性代理权制度更能够被第一顺位地适用。

预设性代理权制度为德国意定监护制度的基础，在学术研讨领域，通常也将该制度称为“防老授权制度”[②]，其定义为：年长的人或者担心未来存在一定能力障碍的人在自己还具备相应行为

---

① 旧《德国民法典》第6条（已废除）规定了禁治产宣告的对象，包括因精神病、精神耗弱、酗酒成癖或麻醉药品中毒而不能处理自己事务的人，或因浪费成习惯而使自己或家属可能陷于贫困或危及他人安全的人。

② 德国的防老授权制度实际上与DPA、EPA构造相同，是一种“伴随公共监督的任意代理权”。

能力的时候，通过法律手段将未来管理照护本人的事宜的代理权授予给自己信得过的人，当约定的状态或情形发生时也就是本人已经不具备完全的行为能力后，他可以选择由自己所授权的人来行使代理权管理照护自己。

德国防老授权制度须具备的以下条件：

（1）构成要件：首先，授权人在做出授权的意思表示时须具有完全的行为能力。其次，监护人需要满足一点，即其需要接受授权，但是除了这一种情况以外，可以通过将授权书交由代理人的手中这种方式完成授权，只是其前提是已经出现了之前约定好的相关状况。最后，授权代理合同为非要式法律行为。依照《德国民法典》167 条的规定："意定代理权的授予无需采取为代理权涉及之法律行为所规定的方式。"如此说来，仅就代理权的给予方式来说，似乎没有必要采取特别的方式比如说书面订立的形式。只不过本人从《德国民法典》第 1904 条和第 1905 条的法条表述中探寻到一些与授权方式相关的规定，即想要代替授权人为此权利，被授权人需要确定地表示接受并且要有书面授权后，才始得代理授权人行使约定的相关照护职责。因此，在意定监护制度的司法实践应用中，以书面的方式授权具有非常重要的地位，也是必要的。

（2）代理人的选任：根据本人意志选任监护人，如果出现了以下的状况，其他的辅助代理人也可以成为获得相关权利的对象，即代理人出现了死亡或者因其他各种原因而不能或者其不想再履行监护人义务的时候。

（3）代理人的权限：即人身权利和财产权利，当事人之间可以选择对其内容协商一致。但也有授权的保留规定，被照管人的相关权利受到重大的威胁时，以缔结婚姻为内容的意思表示和死因行为都不能被其所允许的保留波及。除此之外，双方在授权书中的授权范围不能违反法律的强制性规定。

（4）监督制度：法院选任监督人，想要使授权代理合同处于生效的状态，授权人失去行为能力以及法院选任监督人都是其前提，公权力对代理人的监控就是通过这种形式表现的。意定监护制度生效的条件下，想要选任照管人，要么是监护法院认为存在监督的需要，要么是代理被撤回了，当意定监护人被认为有必要监督时，照管人在这个时候所具备的作用就是监督意定监护人的各种行为，监护人的合法权益不能受到损害；如果意定监护人出现了撤销监护资格的情况，照管人需要完成的事项会缩小到一定的范围，即为了被监护人的利益而向指定代理人提出自己的诉求，但是不包括代替指定的代理人执行监护事务，当穷尽其他手段或方式时，才能接手代理权。

（5）生效的条件：防老授权制度的核心在于授权人与代理人签订的授权代理合同，该合同的生效时间有明确的限制，即需要满足两个条件，一是其已经失去了行为能力，二是法院已经完成了监督人的选择。

（6）法律适用：在意定监护制度与法定监护制度的适用优先性方面，德国在这方面的规定很明确和清晰，意定监护制度会比法定监护制度更先得到适用。

2. 日本意定监护制度——任意监护（后见）制度

成年人监护制度和社会保障体系共同构成了日本的成年人监护体系。具体展现为成年人监护制度以及护理保险制度，而成年人监护制度则是由法定监护制度、任意监护制度和监护登记制度这三个子制度构成。值得一提的是，在日本，没有对监护登记制度进行任意监护登记和法定监护登记的区分，两者共同适用成年人监护登记制度。公证书的制作由公证人以任意监护的契约为依据，公证人需要提出登记的相关申请。想要使公证书完成登记工作必须要得到法务局的首肯，监护登记文档也是必须具备的条件。

日本将“监护”表述为“后见”，因此，任意监护制度又称为任意后见制度。日本的任意监护制度是以特别法的体例对其作出了规定，即《关于任意监护契约的法律》①。

日本任意监护制度②须具备以下条件：

（1）构成要件：首先，其要具有意思表示的相关能力。日本的相关法律认为，即使接受了辅助或者保佐，如果其具备意思表示的能力，任意监护契约就可以被设定和应用起来。如果其处于完全欠缺意思和行为能力或者是处于其他状况的情形下而有法定代理人时，譬如处于保佐、监护等情况，类似情态下任意监护契约也可以被确定，但是需要求法定代理人代表为之。其次，任意监护合同必须以书面形式呈现。最后，公证是该契约成立的条件，通过使公证人的参与来担保契约的成立，可以更好地确认本人的意思。

（2）代理人的权限：主要涉及管理本人的财产和人身事务。

---

① 日本旧民法中的成年人监护制度是依据本人判断能力的程度分为禁治产和准禁治产 2 个类型，对于那些虽然欠缺判断能力但是没有达到禁治产或准禁治产程度的人不认为是适用对象。为了解决这种问题，1999 年修改制定了《关于修改民法一部分的法律》《关于任意监护契约的法律》《与修改民法一部分法律施行相符的有关相关法律整备的法律》《关于监护登记的法律》4 部法律案。

② 《关于任意监护契约的法律》第 2 条规定：“委托人与受托人约定，在本人将来陷入由于精神上的障碍而对事理的辨识能力不充分时，将自己的生活、疗养看护以及财产管理等事务全部或者部分委托给受托人，并对于其委托的事务授予代理权的委托合同。”

相关被监护人如果并未完全丧失相关的行为和意思能力，监护人在进行行为时应该充分考虑其意志、状态以及心理情况。

（3）监督制度：任意监护监督制度的订立是有其存在的必要性的，即对监护人适时且正确完成自己的工作进行监督，防范任意监护人滥用代理权从而侵害到委托人的权益。任意监护监督人的选定可以是自然人或法人，但是要排除任意监护受托人及其配偶、直系亲属等人，法人则包括社会福利协会、信托银行等。法律对选定监督人的人数不进行硬性规定，可以是一人担任也可以是多人担任。此外，法律对任意监护监督人的选任具有严格的顺序规定，当事人之间协商一致并不是唯一的要件，而是需经申请，由家庭法院①选任，提起选任监护监督人的主体有被监护人及其配偶，还有四等亲内的亲属。如果选任除被监护人之外的人成为监护监督人的，必须事先经过本人的同意，但是其不能做出意思表示的情况除外。此外，家庭法院可以主动发挥监督作用，在认为监护人未尽到监护职责时，要求监护监督人主动报告监护人的事务完成现状，还可以责令监护监督人对被监护人的财产以及监护事项开展调查并作出适当的处分；家庭法院对监护监督人也能起到监督作用，如果监护监督人未对监督事务尽心尽责，甚至存在与监护人串通损害被监护人的利益的情况时，家庭法院可以依据被监护人或其他有利害关系人的申请撤销其监护监督人的职务。

（4）生效条件：当本人处于意思能力欠缺的情况时，本人及其配偶等亲属及监护人可通过向家庭法院提出申请的方式来完成

---

① 日本原文称为“家庭裁判所”，后翻译为“家庭法院”，本书全部使用“家庭法院”一词。

对监护监督人的选择，当法院确认当事人所选择的监护监督人时任意监护制度方得生效。值得注意的是任意监护契约的生效并不会限制本人的行为能力，契约是否具备了完全的法律效力和其个人的行为能力无关，若意定监护契约已经发生了法律效力，其单独实施法律行为也没有任何问题，则相关的法律和事实行为就是被法律所认可并具有效力的。

（5）法律适用：如果在任意监护契约已经得到了登记等的情况下，法定监护制度就不能再得到适用了。例外的状况是法定监护制度和意定监护制度相比优先得到了适用，其原因是本人得到了法院的裁定，终止意定监护，接受法定监护。

（6）终止条件：第一，任意监护契约的解除。存在两种情况：其一，已经完成了公证人出具书面的认证这一程序，但是还没有进行到选择监护人这一阶段，一般情况下在这种时候本人或监护人都可以解除，此外要注意，通过公正程序解除任意契约的公证文件是其解除的必要条件；其二，选任已经完成，其便不能再随意完成解除契约的行为，相反，需要通过向家庭法院申请，这是解除契约的必要条件，要经过审理查明属于约定的解除事项时才会得到法院的许可。第二，任意监护人被取消监护资格。监护人一旦不能完成约定的相关监护工作时，便存在会被解除聘用的可能。第三，本人或监护人死亡及因被监护人受到启动法定监护的裁定等情形。

3. 法国——意定监护制度

2007 年，为配合人口老龄化之需，法国颁布了第2007 - 308号法律，修正了原法定监护的一些内容，并创设了意定监护制度。其主要内容概括如下：

（1）关于司法保护。《法国民法典》第 491 条规定：因第 490 条所指的原因之一，当事人所存在的身心障碍不太严重，但在民事生活中需要受到保护的，可以置于司法保护之下。

（2）设立监护的情形。《法国民法典》第 492 条规定：受监护的成年人因第 490 条所指原因之一，在民事行为中需要由他人持续代理时，可以对其设立监护。

（3）财产受管理。《法国民法典》第 508 条、第 508－1 条规定：因第 490 条所指的原因之一，或第 488 条第 3 款（1）所指的原因，处于尚不属于完全不能自已行为的状态，但在民事行为中需要得到指导与监督时，可以对该人开始实行财产管理。

（4）关于公示。《法国民法典》第 493－2 条、第 509 条第 2 款规定：设立监护或财产管理以后，应于受保护的人的出生证书备注栏上加以记述。

（5）对被本人实施的遗嘱行为、婚姻行为的资格限制。《法国民法典》第 504 条规定：法国对受监护人为遗嘱的能力根据不同的监护类型作了不同的规定，如作为监护者则无遗嘱能力，一概取消其为遗嘱的资格。

《法国民法典》第 513 条规定：如作为财产受管理者则有遗嘱能力，根据具体情况下意思能力的有无判断其遗嘱是否有效。

《法国民法典》第 174 条规定：为婚姻的能力也不因设立监护而当然消灭，只在当事人确实处于精神错乱状态时，方可宣告婚姻无效。

（三）域外成（老）年人意定监护制度评析

前文对域外成年人意定监护制度进行了梳理，挖掘、整合域外制度所蕴含的价值理念以及制度构成无疑可以为我国提供一个良好范例。

1. 制度优点

（1）从立法理念上看，该制度有利于提升被监护人的生活满意度和幸福感，提升社会和谐度。英、美、德、日、法等国都强调尊重本人自我决定权，即认可当事人在意思表示能力充分时为自己安排的代理人或监护人，并在当事人出现足以影响其独立自主判断力的身心障碍时，针对之前对于自己的监护或者代理事宜的安排给予持续的认可，其本人除了可以选择自己喜欢且舒适的生活方式和状态，即使出现了没有完全的行为能力的状态时，其生活水平和状态也不会受到太大的影响，同时也能大幅提高被监护人的生活满意度、幸福度，社会也会更加稳定和谐。

（2）实行意定监护制度优先适用原则。约定优先于法定，充分尊重了当事人的意思自治，也符合民事法律的原则。因此，各个国家都存在相似的规定，一般情况下，本人的意思都应该得到必需且足够的认同，本人的自我意志才能尽可能地被保障，监护人所能做的仅是对本人进行一定程度上的帮扶，从而实现维护本人生活稳定的目的。

（3）监护对象的广泛性。监护对象不但包含精神存在一定问题的人以及无法正确思考的人，而且也囊括了有一定程度的痴呆、智力障碍但并不十分明显的人，这就体现出来其对象的宽泛性。它具备重要的作用，如有部分人并不能完全满足法定监护的条件，但是意定监护可以成为其选择，从而使其各项权利都得到应该有的保障，与此同时也解决了更多的社会问题。目前，各国的意定监护制度发展的新趋势是在监护主体中增加了法人，不再局限于自然人；在监护主体上英国、日本等国家均增加了还在继续进行经营的法人，照护其财产的权利也被授予了。此举有着重要的作用，如使得家庭生活更加轻松愉快，提升了整个社会的幸福感，如此转变也正好与现阶段各国改变传统家庭监护模式如我国的医养结合、社区养老的模式的理念不谋而合。

（4）突出人身照护方面的保障。在美国的相关规定中，意定监护制度的适用比较受限，其适用的领域也有限。但是在日本，社会生活中的各个方面都可以为该制度的适用提供一席之地。但是和许多国家一样，对于人身性很强的部分权利来说，个人的意志仍然起着非常重要的作用。监护人在此时的作用就显得不那么明显了。在意定监护制度中，当事人的许多个人信息包括是否具备完全的行为能力会在户口簿上被公开，这对个人的隐私权是一个很大的挑战。因此目前该制度的适用应该更加注重对当事人个人信息的保护，对于应当保密的信息尽量做到保密。

（5）存在着由私法向公法转变的状况。意定监护制度立法建构想要取得良好的效果就需要加强对其监督。非正式监督更多存在于美国的相关制度中，但英、日、德等国逐步形成了监护法院和监督人的制度和习惯，如德国的意定代理权制度是建立在成年照管制度之中的，其不单单体现对当事人意思自治的尊重，也加入了公权力机关的监督，即设置专门的监督机构。日本任意监护制度的监督是在充分尊重当事人意愿的基础上，进而加入家庭法院作为监护监督机关。私法向公法转变的状况比较常见，而监护法院的作用也逐步被认可，它受关注程度也得到了大大的提升。

2. 制度弊端

意定监护制度逐步得到了发展和进步，但是，不得不承认任何制度和规范都不一定是完美的，其缺憾也需要被提及。

（1）其设立以及实现监督的耗费较大。该制度需要社会多个维度的力量进行互相配合，否则容易被虚设，这就必然会存在各种社会资源投入的情况，占用公共资源的情况比较明显。

（2）对参与者的要求较高。该制度要求多个社会公共体系或机关或团队的共同参与，该项制度能否得到有效的推进，其能否对社会产生有益的作用，参与者的基本业务能力以及知识储备就显得格外重要了。

第五章　老年人监护制度的完善

完备的制度并不只是简单表现为内容完善即可，其逻辑性和层次性以及体系性等统统都是其重要指标，除了内容丰富，逻辑清晰也是一个完善制度的核心竞争力。老年人意定监护制度想成为一个相对完善的制度体系，就需要按照一定的逻辑体系对该制度进行罗列和组合。

一、老龄化背景下老年人监护制度应贯穿始终的核心价值

法律的生命力在于执行。制度的设计也好，实施也好，均不能脱离当时的社会环境，同时要发挥它的指引功能。在人口老龄化的今天，老年人监护制度的设计必须以老年人的视角为立足，以老年人的自决为核心，以老年人利益的保障为归属来进行。

（一）人权保护的观念

所有出生于世界上的人都是平等的，应当平等地享有权利、获得同样的尊重，自由是每个人与生俱来享有且不可剥夺的权利，这些都是发表于 1948 年的《世界人权宣言》所宣告的。在此之后，尊重与保障人权伴随着国际人权运动的开展而逐渐融入

世界各国的法律文件。[①] 如今，这一原则可以说是衡量一个国家或地区法治化程度的标杆。这一原则当然也应当适用于世界人口之中占比不低的老龄人群体。因年岁增加而导致的身体和精神方面能力的下降使得老年人成为各国各地区总人口中相对弱势的群体，他们的合法权益相较常人更容易遭受侵害，因而需要各国立法为他们提供特殊的保障。而后相继出台的专门针对老年人的国际人权宣言也为世界各国的立法提供了指导，《联合国老年原则》《维也纳老龄问题国际行动计划》与《马德里老龄问题国际行动计划》可以说是保护老年人权益的蓝本。由此各国立法以独立、参与、照顾、自我充实与尊严五个原则修改完善了其本国有关老龄人权益保护的法律文件。日、韩两国相关民事立法的修订即是这一趋势下的产物。旧有的禁治产制度是以限制心智耗弱老年人的行为能力、以保护利益相关人的财产权益为目的的，监护人直接替代被监护人参与社会生活而被监护人受到隔离，不符合当今社会人人生而平等的法律理念。修订后的民事法律中的法定成年监护制度则是以保护被监护人为出发点，尊重被监护人的人格与独立意志贯穿于法定成年监护制度的各个条款之中，被监护人的剩余意志得到了尊重。

（二）生活正常化的理念

生活正常化理念[②]认为，心智存有障碍的自然人或是年老之人与常人一样同是社会的一分子，他们应当与常人一道能够平等

---

① 李霞：《成年监护制度的现代转向》，载《中国法学》2015 年第 2 期。

② “正常化（Normalization）”理念初见于 1959 年，由一位智力障碍者的父母提出。这对父母在丹麦举办了面向智力障碍之人父母的活动并在这一活动中提出了“正常化”的理念，这一理念得到了与会者的认同，而后在欧洲各国传播。

地参与社会生活，也就是说，社会应当张开双臂接纳身心存有障碍的同胞而不是躲避排斥。这就要求各国在立法与实践当中为身心障碍之人排除障碍，创造一个包括他们在内的所有人都能平等参与的社会生活条件，即“正常化的社会”。日本于20世纪70年代起对这一问题进行关注，并将“正常化”的理念逐步融入相关立法当中，修订后的民事立法中成年监护制度就是例证。新的法定成年监护制度要求监护人秉承“尊重”的理念履行照顾被监护人的日常生活、保护管理被监护人财产权益的职责。韩国民事立法中的法定成年监护制度也是如此。

（三）尊重自我决定权的理念

尊重自我决定权理念指的是，对于个人事务，每个人都应当拥有自主决定的权利。这一理念衍生自“尊严权”。“尊严权”要求每个人都能够享有，并且能够维护其个人尊严。而“自我决定权”则是实现尊严权的方式，即能够自我决定之人才享有尊严。尊重自我决定权首先要求每个人都能够进行独立自主的决定，即每个人首先都能够享有这一权利。面对成年心智障碍之人，这一理念就是要求立法者允许被监护人参与其剩余意志可以独立处理的事务。在实践中，这一理念通常体现为法律赋予被监护人所为的密切关系本人日常生活的行为以法律效力。尊重自我决定权还要求法律为心智障碍之人的自我决定实现提供帮助，即法律应当援助在自我决定完成上有困难的自然人。① 在法定成年监护制度之中即是为被监护人委任监护人，通过法定成年监护人的行为弥

---

① 李霞：《后见制度的日本法观察——兼及我国的制度反思》，载《法学论坛》2003年第5期。

补心智障碍之人意思能力的不足，修正被监护人本人的意思决定内容。法定成年监护制度对被监护人真实意思探究的要求即是这一原则的体现，而日本法中的辅助制度、韩国法中的特定监护制度则是这一原则的凝结。

二、老年人法定监护制度的完善

（一）确立老年人法定监护制度的基本原则

1. 有利于被监护人原则

监护人与被监护人之间，重要的不是血缘，而是“爱”，是以被监护人的利益为一切问题的出发点和最终归宿。

不管是法定监护还是意定监护，都是以被监护人为中心，因此有关组织为没有或者限制民事行为能力人在其近亲属中指定监护人虽然不受顺序的限制，但都必须遵守一条原则——对被监护人有利，亦即应充分考虑将被指定的监护人的监护能力。认定监护人的监护能力，应当根据监护人的身体健康状况、经济条件以及与被监护人在生活上的联系状况等因素确定。这一原则也是人民法院在审理案件过程中指定监护人时必须遵循的。

2. 监护制度与行为能力制度脱钩

前文已述行为能力制度作为监护制度前置条件的不合理性，老年人监护制度应当与行为能力制度脱钩。

在老年人监护制度中应当采取个案审查的方式，在具体的场合判断被监护人是否具有行为能力，是否应当对其进行监护，应当对其采取何种监护模式。这种审查应当是对被监护人行为时多种因素的考量，比如说其精神是否正常，是否能够认识到其行为产生的后果。同时在审查时还需要有本人同居亲属的参与，一定程度上还要参考医学鉴定的结果。笔者认为这种在个案中判断被监护人是否需要监护，具体选择何种监护模式，选取何人担任监护人的具体工作可以由目前广泛试点并且在家事审判中地位越来越重要的家事法庭来承担。

3. *必要性原则*

必要性原则即[①]“最小侵害原则”“最小限度干预原则”，指的是具有国家强制力的立法在制定涉及私人领域事务的规定时，对此一事务的干预应当尽可能地最小化。必要性原则衍生自宪法的比例原则，其所要求的是国家在制定符合制度设计目标的规制手段时，应当适用损害人民权利最小的手段。成年监护制度将这一原则引入其中，是因为考虑的是其自身法律家长主义的存在，即法定成年监护制度剥夺或限制被监护人的民事行为能力并将本应是成年人个人独立参与的事务交由监护人代理。法律家长主义虽然证明了公权力这种干预手段的正当性，但是公权力对私人领域事务干预的广度和深度需要有一定的限制。即立法规定对自然人民事权利的剥夺、参与民事活动的限制不应当是无节制的，应当以“必要性”为限。

具体来说，现代法定成年监护制度要求，监护人代为参与的本人事务只能是被监护人个人凭能力无法处理的事务。对于被监护人能独立参与的民事活动，如与被监护人日常生活密切相关的事务，立法应当承认其行为的效力。从另一角度来讲，法定成年

---

① 李霞：《中日成年监护制度比较研究》，载《山东社会科学》2005 年第 8 期。

监护制度的设立应当是以帮助被监护人实现其意思能力不能及的事务为目的，即老年人认为监护必要时法定老年监护制度才能够设立。此外，法定老年监护制度对被监护人行为能力的限制范围不应当是一成不变的。当被监护人的精神状态好转、事理辨识能力恢复时，法定老年监护制度应当减轻对其行为能力范围的限制。相反，若是被监护人精神状态恶化，被监护人能够独立参与的民事活动范围应当减小。也就是说，法定老年监护制度应当随着被监护人精神状态的变化而改变对被监护人保护的范围。必要性原则也应当尊重被监护人的决定自我事务能力，使得心智障碍人的生活能够正常化。

4. 补充性原则

补充性原则指的是，被监护人合法权利的保护应当是以个人的私法自治为首要选项，国家公权力的干预应当居于补充地位。具体来讲，监护人依据法定成年监护制度赋予职权所为的代理行为只是对被监护人行为能力的一种补充。被监护人因为心智障碍的存在而行为能力受到限制，需要通过监护人的代理行为实现其想要完成但却无法实现的事务。监护人不可越俎代庖直接基于自己的意思处理被监护人的事务，在为被监护人利益行使监护职权时，被监护人的真实意愿应当被考虑。不仅如此，具有公权力干预性质的老年监护制度本就应是对当事人私人事务自我决定的一种补充。即在法定老年监护制度运行之时，公权力只应当在私主体无法涉及这一制度涉及的事项时介入。亦如在选任法定成年监护人之时，作为公权力机关的法院只能在有权监护人间对监护职责的承担发生争议且无法通过属于私人救济的协商解决，向法院提出争议处理的请求时才能介入干预。此外，作为公权力代表的法院并不能够对被监护人的监护行为进行直接的监督，法院只能通过设立法定成年监护制度的监督人，通过审视监督人的行为实现对法定成年监护制度运行的监督。也就是说，法院的救济行为只是对当事人私法自治行为的一种援助与补充。

所以，补充性与必要性原则是以防护和制约法律家长主义，实现最大限度地保护心智障碍人为目的。也就是说，法定成年监护具体制度的创设需要以必要性与补充性为标杆，确保维护心智障碍人合法权益的目的在法律的运行过程中能够实现。以保护被监护人之名，过分剥夺心智不足之人合法权利的“法律超家长主义”的老年监护制度有违现代成年监护制度创设的初衷。

（二）设置多种类、分层次的监护模式

我国老年监护制度的制定应当遵循废除全面监护国际趋势，制定以人权保障为核心的有限监护制度。

即针对无民事行为能力的老年人，对他们生活中的绝大部分事务施加限制。具体来说，就是承认他们从事的与日常生活紧密相关的民事活动的效力，如生活必需品的购买等；承认他们所参与的纯获利益行为的法律效力。对于在这之外的其他法律行为，无民事行为能力的成年人不能独立参与，他们的法定代理人（也即监护人）应当从被监护人本人的意愿出发代为实施。也就是说，这部分老年人能独立参与的只是日常生活中的极少部分事务，在其他大部分的事务上，他们所实施的民事法律行为的效力受到限制。

针对限制民事行为能力的老年人，法律应当对其生活中的部分重要事务施加限制。被监护人可以从事的应当是与自己精神智力状况相适应的民事法律行为，以及纯获利益的民事法律行为。

也就是说，这一类型的老年人可以独立参与生活中的小部分法律行为，在其他较为重要的事务上，他们的行为能力受到限制。立法还应当允许法院根据个案性质的不同，对涉案限制民事行为能力老年人的行为能力做出判断。

对于心智受损程度较轻的老年人，立法仅应当限制他们参与特定的民事活动。也就是说，对于生活中绝大多数的民事活动，这类老年人可以独立参与，他们所实施的民事法律行为具有法律效力。对于行为能力受到限制的个别民事活动，被监护人本人不得单独实施，他们的法定监护人应当代理被监护人实施民事法律行为。如果被监护人实施了为法定成年监护制度禁止的民事行为，在代理人（也即监护人）同意或追认前，这些法律行为的效力处于“可撤销”状态。除此之外，立法还应当允许人民法院依职权对于这类案件中涉案人的法律行为的效力进行判断。

与前述分类相适应，民法典分则编应当针对成年人意思能力衰弱程度的不同，设置监护、辅助与保佐三种法定成年监护方式。①

（1）监护。监护制度应当包含有关监护人监护权限的内容。监护人应当享有针对被监护人的财产管理权、法定代理权以及财产撤销权。对于被监护人本人所实施的与日常生活用品购买无关（也即与满足基本生活需求无关的行为）、与纯获利益无关的法律行为，监护人享有撤销权限。监护人应当注意被监护人本人的剩余意思能力，在从事为被监护人利益的活动时，应当努力探究本人的真实意愿。

监护人还负担有照看被监护人生活的职责。监护人应当关照

① 杨立新：《〈民法总则〉制定与我国成年监护制度之完善》，载《法学家》2016 年第 1 期。

心智欠缺人的精神需求，促使其能够拥有较为丰富的精神生活。监护人还应当关注心智障碍人的生活状况，保持被监护人本人的生活水准不下降，照顾看护被监护人。针对被监护人剩余的意思能力，监护人应当对其展现尊重。

（2）保佐。法律应当规定保佐人享有同意权与撤销权。居于保佐制度之中的老年人可以从事的是行为能力受限之外的事务，对于部分重要的法律行为，被保佐人不得独立实施。保佐人的同意表示应当是被保佐人为与受限活动有关的民事法律行为的前提。保佐人有权撤销被保佐人本人实施的应当取得却没有取得其同意的民事法律行为。保佐人的代理权应当是来源于法院的个案授予。也就是说，成为保佐人并不一定就对被保佐人享有代理权限，保佐人能够获得的仅是针对部分特殊事务的代理权。

保佐人还负担有照顾被保佐人本人身心的义务。这就是说，保佐人应当时刻关注被保佐人的身心健康状况，注意被保佐人生活状况的变化。保佐人在行使保佐权限时，应当首先考虑被保佐人本人的真实意愿，为被保佐人本人的利益考虑。

（3）辅助。民法典还应当设立针对心智衰弱程度较轻的老年人的辅助制度，允许这些老年人为自己选定能够处理其本人能力范围之外的部分事务的民事主体，由辅助人处理本人无法独立处理的事务。辅助制度又可以被分为三种具体的类型：

一是“同意权型”辅助，也称共同决定型辅助。对于这类辅助任命，辅助人能够获得的只有同意权。也就是说，被辅助人本人实施同意权划定范围内的事项需要首先得到辅助人同意。值得注意的是，这里的特定行为范围应当小于保佐制度所划定的被保佐人行为受限制的范围。如果“同意”事务过多而致与保佐事务相重合，辅助制度的设立就没有了实际意义。

二是“代理权型”辅助。这类辅助人代理权限的授予需要法官行使自由裁量权进行判定。辅助人权限的范围不限于保佐所限制的行为类型，法院根据必要性原则裁定确认。与法定监护人代理权限不同，辅助人的代理权限因个案的不同而存有差异。

三是“同意权型和代理权型”辅助。在这类辅助中，代理权与同意权同时为辅助人享有。这一类型的辅助是出于满足多样的被辅助人的需求，以克服成文法的局限性为目的设定。民事生活的丰富多样，身心障碍者行为能力并非一成不变，为适应身心障碍者能力的变化，可以将辅助人的代理、同意及撤销权的权利范围扩张或是限缩。辅助人同样需要尊重本人自我决定权，应当关注照看被监护人的身心健康。

监护、保佐与辅助三种法定的成年监护方式之间的效力关系如下：第一，在监护与保佐的效力关系上，如果本人身上已经依法设立保佐制度，则设定法定监护时，法院应当将原有的保佐制度裁定撤销。第二，在辅助与监护、保佐的效力关系上，如果成年心智障碍者符合监护或者保佐制度的设立要件，就应当使用保护程度更高的法定老年监护类型而排除辅助制度的适用。

（三）创设具体的监护人选任规则

首先，废除现行法律对监护顺位的规定。我国《民法总则》第 28 条仍然保留了成年人监护人选任的顺位，第一顺位仍然为配偶。正如第三章论述，对于老年人的监护，配偶作为第一顺位监护人是不恰当的，老年人的配偶往往也是老年人，很可能难以良好履行监护职责。第二顺位的“父母”，往往更不合适作为监护人的人选。建议废除法定监护人的顺位限制，由法官在监护人的候选人范围中综合考量选出最恰当的人选。法官在确定具体监护人时，应综合考虑被监护人意见、监护人行为能力、品行、履职可能性等多重因素，并在文书中作出说明。

其次，对于现行法律中无人担任监护人时，由村委会、居委会或民政部门作为兜底监护人的规定，笔者没有异议。但是建议在上述组织机构担任监护人时，明确何种情形具体由何种机关承担监护责任，并且要求这些机关承担监护职责时，指定1—2名具体的负责人员，直接负责具体的监护事务。

最后，规定不得担任监护人的消极条件。未成年人、行为能力不完全人、不履行职责而被撤销监护人资格的人、与被监护人存在利益纷争的人不能担任监护人。有严重暴力犯罪记录的、有酗酒、吸毒等品行恶劣的、负巨额债务不能偿还的，不宜作为监护人。[①]

（四）明确监护人享有的权利

老年人法定监护制度的监护人应当被赋予辞去其监护人身份的权利。监护人作为辅助行为能力不足的老年人正常融入社会生活的主体，在一个监护关系中往往会负担许多的责任和义务。但是，由于身体、家庭或是经济等方面的因素很可能无法再更好地履行其应当承担的监护职责。这种情形下要求其继续作为老年人的监护人，双方利益都不能得到最大限度的保障。因此，应当赋予监护人辞任权，由法院在其他具有监护资格的候选人中另行选任。德国成年照管制度和日本成年后见制度分别将监护人行使辞任权限定为“重大理由”和“有正当理由”。笔者认为可以不对

---

① 刘金霞：《完善民法总则（草案）监护制度之思考》，载《中华女子学院学报》2016年第5期。

监护人辞任的情形作具体限制性规定。因为，如果监护人从内心想辞去监护人身份，却面临着因不符合限制辞任情形的规定而不能辞去监护人身份时，很可能会导致监护人在接下来的监护过程中产生不尽心尽责履行监护职责的情形。这样反而会造成有监护人承担监督、保护职责，老年人的权益却得不到良好保障的境况。可能有人会担心不对监护人辞任情形作限制性规定，会造成监护人随意辞职而被监护人无人监护的局面。笔者认为，临时监护人以及国家监护人、专职监护人、职业监护组织的出现，会在一定程度上避免这种情况的发生。

（五）细化监护人的监护职责

监护人的监护职责应当是根据本国法定监护设置的具体类型模式所确定的。上文中笔者建议我国的老年人监护制度采取监护和辅助的两级保护模式，那么监护人在这两种监护模式中承担的职责应当区别化、规范化地设定。法律应当规定监护人在监护模式下广泛的代理权、撤销权，以及一定事项上的同意权。对被监护人适用监护模式进行保护时，监护人实际上在人身和财产等事项上充当着代理人的身份。但是这种代理权不是没有限度的，借鉴日本成年后见制度和韩国法定成年监护制度的有关规定，在日常生活中采买生活必需品的行为监护人不得干预。对被监护人不动产和重大财产的相关处分行为，监护人须得经法院同意。立法在对监护人被限制干预的具体范围进行规定时，应综合考虑我国老年人的具体情形。辅助模式下监护人代理权应当有范围和时间的明确规定，并且要经过被监护人本人同意。同时，除被监护人实施的单纯获益或与其行为能力相适应的行为外，赋予监护人撤销权和追认权。

（六）创立完善的监护监督制度

监护监督是为了抑制监护人滥用其权利侵害被监护人利益所不可或缺的内容，是监护顺利开展的保障。我国应当创设国家公权力监督与监护监督人私力监督相结合，全面贯穿整个监护过程的双轨制监护监督体系。其中，事中监督以监护监督人私力监督为主，事前与事后监督以国家公权力监督为主。

监督主体上应当存在国家公权力机构和监护监督人两类。在国家公权力监督主体中，法院起着主导作用。法院以间接监督的方式于整个监护过程中都发挥着作用。法院在监护设立之前和执行过程中都对监护人资格进行严格把关。法院也是对被监护人权益进行事后救济的一种手段，是维护被监护人福祉的最后一道屏障。私力监督人是依据老年人意愿选择的具体的监护监督人，主要在监护执行过程中承担监督责任。监护监督人的选择范围不限于自然人的范围，也可以选择法人机构担任。在选择法人机构担任监督人时应明确具体的执行监督职责的自然人。在选择监护监督人时要注意监护人与监护监督人身份不能重合，以免发生“自我监督”情形。

监护监督人应密切关注相关监护事务的执行情况，定期进行监督情况调查。监督人可以通过对被监护人身体及精神情况进行视察，或是对监护人进行询问，以及走访近邻及居委会、村委会等方式监督监护人。监督人发现被监护人无人监护的情形发生时，应当及时向法院反馈，并暂时承担起原属于监护人的职责。当发现监护人侵犯被监护人的利益时，监护监督人有权代表被监护人向法院提起诉讼，申请撤销监护人资格。

三、老年人意定监护制度的完善

只有意定监护合同制度、意定监护监督制度以及相关配套制度有机融合才能形成一个完备的老年人意定监护制度体系。

（一）确立老年人意定监护制度的基本原则

意定监护制度和法定监护制度存在明显的不同，前者关注的是当事人的主观内容，即当事人是否完全行使了自己的意思表示，在自己的意思能力完备时是否能够遵循自己的真实想法进行选择。这也说明成年人意定监护制度旨在最大限度范围之内保护其行使“意思自治”[①] 的能力，意定监护制度具有很大程度上的灵活性和不机械性，独立自主是其典型的表现形式，因此最大利益性原则以及最小限制性等具体原则就会完全地凸显出来。笔者认为在追随这两个原则的节奏之下，才能更确切地达到意定监护制度设立的目的与初心。

1. 最佳利益原则

所谓最佳利益原则，是指监护人时刻把被监护人的合法权益作为自己执行事务的重要指标，无论是在处理人身还是财产抑或是被监护人的其他事务时，以上的标准都应该是其重要参考指标，被监护人的合法权益肯定是监护人首先考虑的因素，所谓最佳利益也就体现为监护人在从事工作时要时刻牢记被监护人的最佳利益是什么，应该如何做才能保障被监护人的最佳利益。无论

① 对于意思自治，梁慧星教授认为意思自治是指不受干涉地获得权利、承担义务，从事民事活动，德国的迪特尔施瓦布认为意思自治的界定一般包括契约自由、所有权自由、遗嘱自由和结社自由。

是英美法系国家还是大陆法系国家，最佳利益原则都是其关于监护立法的重要内容。

因此如何理解最佳利益原则才能够最大化地发挥其作用呢？最佳利益原则不应该永远被作为一个理论存在于实践中，应该将其具象化，成为一个看得见摸得着的具体事物，这样我们才能随时在生活和实践中感知它的存在。笔者认为，要对被监护人的利益进行详尽的叙述，应该分两个维度分别进行阐释。从正面来说，被监护人的主观意愿和追求应该得到一定程度的重视，被监护人的意志应该尽可能地被满足，监护人应站在被监护人的角度来看待代理事项，应该尽量按照被监护人的要求和想法去完成自己的工作职责，尽量不违背被监护人的主观意志。从相反面来看，则应以不与被监护人的合法权益相违背为底线。那么，怎样才能准确分析出被监护人的真实意愿是什么，又如何才能准确探寻出被监护人的真实想法呢？第一，我们可以充分发挥想象的作用对被监护人的主观想法进行推敲，当然这并不是随意遐想，而是要学会换位思考，把自己当成被监护人去进行人物设定，思考自己作为被监护人的可能的诉求是什么以及真实的想法是什么；第二，根据被监护人在丧失意思能力之前的行为和信念来辨别，比如具有无神论或者宗教信仰等一些当事人较为推崇的思想价值观念，且这种思想较为显著以至于会对其所为的事情产生决定性的影响，在这种情态下，监护人应当把这些因素也纳入考量因素范畴之内。综上所述，想要更完美地达到成年人监护之维护保障弱势成年人利益的立法初心，最佳利益原则应当被作为完善成年人意定监护制度所需要依照的基本原则之一。

2. 最小限度干预原则

所谓最小限度干预原则，就是尽量少地干涉当事人的主观选择，充分尊重其自己的认识。实际上，最小限度干预原则是世界上各个国家的监护立法在尽可能保护当事人合法权益时所共同遵守的一项重要内容。对当事人的主观意愿不进行无理由的干涉，在没有必要干涉当事人主观意愿的时候尽可能做到不干涉或者不干预，达到尽可能少地产生影响的状态。尊重自我决定权是意定监护制度一直所执持的初心，而且该内容也在很大程度上落实了现代国际立法所遵循的以人权保护为重心的基本要求。任何事物都有一个度，过度就会使得原先的目的无法实现或者大打折扣。同理，如果对当事人的保护超过了必要的限度，势必会演变成对当事人的限制，保护变成限制甚至是束缚可能仅仅就在一念之间。目前众多国家或地区陆续都在革新旧有的成年人监护制度，且都以人权保障理念为依据，施行以被监护人的利益为核心的人权监护模式。根据密尔的伤害原则①，国家在完成对本人的监护活动时应该注意自己的定位，自己不是一个监视者，而是一个监护者，保护才是这项工作的职能，尊重当事人的主观意愿就变得尤为重要了。为了更好地使被监护人将自己的残存意思能力发挥作用到最大化。各国或地区相继将尊重其现存意思能力的理念融

---

① 密尔的伤害原则（Harm Principle）也叫作“不干涉原则”（Non - interference Principle），是19世纪后半期英国自由主义的代表性人物约翰·密尔概括出的一条“极其简单的原则”，它就是密尔在社会与个人之间所划定的边界，也是合法和非法的边界。原则内容为人类之所以有理有权可以个别或者集体地对其中任何成员的行动自由进行干涉，唯一的目的只是自我防卫。这就是说，权力能够正当地施与文明群体中的任何成员的唯一的目的只是要防止其对他人的伤害。密尔所提出的这条原则并不是为社会对个人的干涉提供依据。恰恰相反，每个人在其不伤害到别人的情况下都拥有着自己的一切自由。这样，在密尔所规定的这条原则下，以及所划定的这条边界中，可以看到，密尔在本质上接受了前辈自由主义思想家的“消极自由”观，在这个边界的另一面，在个人独立和个人所拥有的一切权利这个层面上，社会的权力则不能干涉，否则就是非法，就是社会的暴政。

入改革后的体系制度中，在这一革新进程中，也都将最少限度干预原则作为与最佳利益原则相呼应的核心原则，并围绕这一核心原则进行了一些具体制度的建构，该原则实际是在确实需要的情态下才给予或提供与之相适宜的帮助。这样的制度设计和执行有着充分的必然性，它充分保障了当事人的主观意愿，使得其意思表示能力得到了最大限度的发挥和重视，从另一个维度也说明了其主要的职责是保护而不是限制，这样能够让社会更加和谐共生。

综上所述，我国应该把最小限度干预原则作为一项重要准则予以坚持和推广，在无法避免的时候再进入监护状态，接管意思能力欠缺者的主观意愿，替他们为相关的行为，并且处理相关的事务，进行相关的工作。此外，纵然监护制度已经被启动，但在代理被监护人为约定的事项或执行处理监护事务时，应当采取最小干预和限制的手段和方法来促使被监护人尽可能地遵照内心为其想为的行为，从这种程度上来将当事人的意思能力发挥到最大的效用，实现对当事人的尊重、遵循当事人自我决定权的宗旨。

（二）完善成年人意定监护合同制度

从域外相关立法和实际情况来看，成年人意定监护制度的中心乃是意定监护合同，因此，必须要厘清成年人意定监护合同制度。

1. 明确意定监护合同的性质

意定监护合同作为成年人意定监护制度的中心，其性质是首先需要明确以及解决的问题。由前可知，我国《合同法》中的委托代理制度是意定监护制度创设的理论基础。如果无法找到关于意定监护合同的相关法律法规，又该如何适用呢？笔者认为可以借鉴合同法的相关规定，意定监护合同与一般的委托代理合同又存在许多区别，在前文中已经论述过，在此不再赘述，最主要值得一提的是，在可授予的权利范围方面成年人意定监护制度具有一定的约束，其涵盖的内容只是关于成年人的财产以及人身事项的代理。

2. 意定监护合同的主体

意定监护合同的主体双方为委托人和受托人。《合同法》对于委托合同主体行为能力的一般规定也同样适用于该合同的主体双方，即年满 18 周岁且具有完全民事行为能力，在受托人是组织机构的情况下则需要满足相应的法律规定具备独立的法律人格。

（1）意定监护委托人（本人）。本人指的是需接受意定监护的成年人。《民法总则》第 33 条对于该合同签订时本人的相关能力范围有一定的描述，其委托人需要有完全民事行为能力。根据《合同法》的基本法理，在具备完全且正确的主观意愿之后，当事人再来签订合同。也就是说，签订意定监护合同的时候，当事人应该具有相关的主观意愿，也就是在自己失去相应的能力之后愿意处于其所指定的监护人的监护状态之下。

（2）意定监护受托人（监护人）。《民法总则》第 33 条明确规定了监护人的范围，为保证监护人尽职尽责地执行监护义务，尽可能地保障其权益，合同双方之间应当没有任何利害关系。譬如被监护人的法定继承人因期待利益或其他有关的权利义务规定而不能作为意定监护人，正因如此，将监护人的范围进行一定范围限制实在是毫无意义的。所以笔者认为只需要符合下述两个条件即可为监护人：其一，其需是拥有完全民事行为能力的自然人或者是具备独立人格的法人以及组织；其二，其有承担监护职责的意思。监护人的工作内容涉及范围较广，除了财产，还需要对被监护人的人身等其他方面都照顾到，这就决定了自然人更适合成为监护人，同时也更加方便。故笔者认为，自然人应该是被考虑的第一选择，其具有天然的优势，如果没有合适的自然人，这个时候再考虑在法人中选择，穷尽所有可能。

3. 意定监护合同的内容

《民法总则》第33条只对其表现形式进行了界定，对于相关的内容并没有详尽的表述。意定监护人的义务就是通过合理方式尽可能照顾当事人的生活，明确自己的定位，维护当事人的合法权益。意定监护合同实际上也是合同，其也符合合同的主要构成要件和具体要求，双方协商一致即是双方对于合同达成的合意，那么一般情况下合同的主要内容都是由双方商定的，但是鉴于其性质为委托合同，则其内容主要由委托人也就是被监护人确定。由于该合同给予了监护人比较大的自主性，结合合同的性质和实际情况也很难将合同条款和内容约定得过于死板，这样会缺乏灵活性导致监护人无法在保护被监护人合法权益的过程中随机应变，灵活处置。总的来说，可以分为以下几种类型：第一，根据代理权的种类来划分，则为财产事项（譬如信托管理、理财计划等）与人身事项（譬如医疗救治、进入福利设施等）的代理；第二，根据代理行为性质来划分，则为对于法律行为和事实行为的代理；第三，根据代理行为的内容来划分，则为对于全部或部分监护事项的代理。

4. 意定监护合同的效力

（1）意定监护合同的生效要件。正如前文所述，被监护人的行为能力必然会随着年龄的不断增长而呈逐渐衰退的态势，而且初期很可能会出现反复等情况，很难准确地分辨和把握并推断出被监护人欠缺行为能力的事实发生的时间点，“被监护人全部或者部分丧失行为能力时”不应该作为该合同具有效力的一个必要条件，通过观察和对资料的翻阅，笔者认为我国可以考虑将该合同的生效时间节点定位为法院选定监督人时。监护监督制度也是日本的制度，我国可以考虑对其进行借用，在该制度中增加一个第三人，监护人的行为由于受到了第三方的监督，更能有效地保护被监护人的合法权益。

（2）意定监护合同生效后对合同双方当事人的效力。首先，对于被监护人的效力。该制度的设立是建立在要保护被监护人合法权益的基础之上的，被监护人的身心和财产权利都得到保护，生活的幸福感得到保障是该制度的重要目的。即使该合同成立，本人也并不是完全被束缚，其仍然具有完全的主动性，其凭借自己的意志所实施的法律行为依然是有效的，可以得到尊重的。基于以上理论，《民法总则》第35条第3款规定“对被监护人有能力独立处理的事务，监护人不得干涉”，也是契合了这一理论，遵循了尊重被监护人残存能力的宗旨。如果说该制度的设立会导致被监护人失去自由，完全处于没日没夜的监控之中就错了，制度的目的是好的，并不是要对被监护人加以限制，相反是要更好地保障被监护人的权利，为其在残存的行为能力基础之上为有效的法律行为提供支撑。

其次，对监护人的效力。主要体现在权利与义务方面，监护人行使权利的依据毫无疑问来自双方签订的合同。同时，以被监护人的实际需要为出发点，大致归纳其实际需要被管理的事务主要就是财产性事务与人身性事务这两大类，财产性事务方面主要为财产保护权和处分权，此外还有监护人的撤销权。被监护人在签订该合同后并不完全丧失行为能力，其在行为能力范围内所为的行为依然具有法律效力，因此如果一棍子打死，一味地否定其所为民事行为的有效性显然是不妥的，不过正是由于被监护人部分意识能力的欠缺，其所为的行为并不能都认定有效，不排除可能出现对自身有害的行为，因此在这种情况下赋予监护人撤销权是合理且正确的。除去上述两项财产性权利，还应当考虑到监护人的报酬请求权。监护人虽然签订了监护合同，但是毕竟不是法定监护人，其寻求报酬的诉求应该得到支持，毕竟这是一项既耗费时间又耗费精力的活动，还可能因为被监护人的各种突发情况存在不能预见的困难，因此赋予其报酬请求权是合理的，至于报酬的金额则尊重意思自治，由当事人平等协商后确定。没有只有权利的义务，因而监护人义务在《民法总则》第 35 条[①]中有明确的体现，其义务为充分遵循被监护人的意志，并协助被监护人尽可能地发挥意志进行合适的行为。因此，将监护人的义务整合一下，其含义就是保障被监护人的合法利益并尽可能帮助被监护人去按照自身的意志行事，使其能融入正常的生活中去。相应地由此推及意定监护制度，可总结为：第一，照护被监护人的生活，维护被监护人的身心健康；第二，依约定打理被监护人的财产；第三，接受意定监护监督人的监督等。

---

① 《民法总则》第 35 条第 3 款规定：……监护人履行监护职责，应当最大程度地尊重被监护人的真实意愿，保障并协助被监护人实施与其智力、精神健康状况相适应的民事法律行为……

5. 监护合同的终止

《民法总则》第 39 条[①]规定的监护终止条件十分具有参考性，同样可以适用于意定监护合同，但有两点笔者存有疑问，第一，如该条第 1 款的规定认为监护应当被终止在被监护人的行为能力恢复时。成年人意定监护制度的创设初心就在于当委托人（被监护人）丧失意思能力或行为能力时继续保持其生活水平，尽可能避免因行为能力的丧失而降低其生活质量，因而监护人持续履行监护职责继续适用意定监护制度则没有与该制度设立的初心相悖。另外，若适用监护应当被终止在被监护人的行为能力恢复时的规定，那么当委托人（被监护人）存在丧失行动能力但具有意思能力的情况时，则将把意定监护制度的适用排除在外了。据此，综合前文的论述，笔者以为不应以委托人（被监护人）行为能力的恢复作为成年人意定监护制度的终止条件。第二，该条第 4 项规定的其他能引起监护关系终止的情况，笔者认为可以在参照《民法总则》第 36 条[②]的基础上对意定监护的终止情形进行填

---

① 《民法总则》第 39 条规定：有下列情形之一的，监护关系终止：（一）被监护人取得或者恢复完全民事行为能力；（二）监护人丧失监护能力；（三）被监护人或者监护人死亡；（四）人民法院认定监护关系终止的其他情形。监护关系终止后，被监护人仍然需要监护的，应当依法另行确定监护人。

② 《民法总则》第 36 条规定：监护人有下列情形之一的，人民法院根据有关个人或者组织的申请，撤销其监护人资格，安排必要的临时监护措施，并按照最有利于被监护人的原则依法指定监护人：（一）实施严重损害被监护人身心健康行为的；（二）怠于履行监护职责，或者无法履行监护职责并且拒绝将监护职责部分或者全部委托给他人，导致被监护人处于危困状态的；（三）实施严重侵害被监护人合法权益的其他行为的。本条规定的有关个人和组织包括：其他依法具有监护资格的人，居民委员会、村民委员会、学校、医疗机构、妇女联合会、残疾人联合会、未成年人保护组织、依法设立的老年人组织、民政部门等。前款规定的个人和民政部门以外的组织未及时向人民法院申请撤销监护人资格的，民政部门应当向人民法院申请。

补，归纳《民法总则》第 36 条的规定来说，监护终止情形就是监护人履行监护义务不当。

6. 监护合同的解除

意定合同签订后，委托人（被监护人）的权利直接由意定监护合同所限制，其内容直接关乎委托人的利益，因此，该合同一经设立后，必须要通过法定程序方可解除。通过前文的论述，选任监护监督人为意定监护合同生效的要件，如果以选任时间点为逻辑思维的出发点，那么意定监护合同实际上是存在两个时间段的：第一个时间段，监护合同双方当事人订立意定监护合同之后，选任监护监督人之前，此时该合同处于成立但未生效的情形；第二个时间段，选定任命监护监督人，意定监护合同始得生效。由于在这两个时间段该合同的效力存在一定的差异，因而当出现终止合同的情形时，其解除程序也会因情形的不同而有所差别。首先，在第一个时间段，该合同成立但尚未生效之时，出现了正当解除合同的事由时，那么应当通过公证解除该合同，因为该合同已经经过公证登记并具备了公示性、公力性，所以非经合法程序否则不能解除，在这种情况下要解除合同需要 2 名以上公证人员在场并经过登记解除。通俗而言，就是在合同尚未生效时，只要是经过当事人真实的意思表示并在达成合意后通过公证机关的登记就能解除该合同；而在第二个时间段，合同成立且生效阶段，此时正当解除合同的事由应当是法定的，该事由可参照监护人履行监护义务不当导致监护终止的情况，并由当事人向法院提起申请得到同意之后方可解除该合同。为使被监护人的照护管理问题能够更完美妥帖地解决，笔者认为司法机关在审理成年人意定监护合同的终止事由时应当更为严谨。

（三）完善成年人意定监护监督制度

监护监督制度，顾名思义，其含义为对监护人的执行监护事务的状况予以监管督查的制度，设置这一制度的宗旨就是维护和保障意定监护制度有效运行。分析比较各国的监护监督制度设置，主要有两种机制比较可取：其一，法院承担监护监督职责；其二，通过法院委任/任命监护监督人。法院监督又称为直接监督，其作为国家的司法审判机关，不仅有公权力能够保障监督的有效性，而且其组织人员也具备足够的专业素养，能够促使监督职能的效力发挥到最大，但是此举却无形中大大加重了法院本就不轻松的工作，因此，法院直接担任监督人是存在实践困难的；间接监督则为通过法院委任/任命监督人，由于法律对于法院介入意定和法定监护制度的程度规定有所不同，一般情况下，法院会直接参与法定监护人的选任，而意定监护人由被监护人本人自主选择自己信赖的人，由于法院没有直接介入意定监护人的选任中，但考虑到维护被监护人的利益，由此则由法院通过任命监护监督人的方式实现对意定监护的监督，此为选择间接监督模式的原因。剖析《民法总则》第 36 条规定可以发觉其中已然暗含监护监督制度的程序意图，且为将间接监督与直接监督相糅合的监督模式，也就是其一，法院直接参与干涉监督事务，实现对监护人的公权力监督；其二，由被监护人的近亲属、社会组织机构等担任监督人。当监护人不履行或者履行监护职责不适当时，该监督人可以依法通过向法院提出申请要求取消监护人的资格。

1. 监督人的监督

（1）监督人的资格与选任程序。《民法总则》第 36 条第 2 款中对于监督人的限定之一为“其他依法具有监护资格的人”，该款规定存在一定的瑕疵，因监督人的职责所固有的性质决定了其不应当与监护人存在利害关系[①]，因为监督人的职责就是监察管理并督促监护人更尽心尽力地执行监护事务，所以当二者之间存在“利害关系”时，一方将会失去监护监督人的选任资格，除此之外需要注意的一点是选任监护监督人的程序应当依法进行。

联系域外的司法实践情况并结合我国的现实国情，意定监护监督人的委任由多个程序组成，主要如下：首先，权利人需要自己提出申请，且对象为法院。“权利人”的含义在此处的重要性不言而喻，厘清权利人的准确含义是该委任是否有效的关键前提，以下几个国家对其定义存在着一些区别，英国的规定为由代理人提出申请，日本的规定范围则更加广泛，其本人或者符合条件的近亲属都可以提出申请。相比之下，日本的相关规范比英国的更具有实用性和可借鉴性，该制度的目的始终是保障当事人的合法权益，那么监护人的权限则应该称为讨论的重要问题，如果监护人可以随意超越自己的权限行使权利，那么显然被监护人的合法权益将无法得到充分的保障，因此在该合同生效以前，如果当事人已经赋予了监护人相关的权力，那么对其监护权的限制则会大打折扣，其滥用职权侵害当事人权利的情况就有可能出现。因此日本的相关规定有其存在的合理性，其扩大了有权提出申请的主体范围，笔者认为该制度的适用也应该如此，即对相关申请主体予以扩大。为了最大限度地保障当事人的主观意愿，对于最后具体由谁来提出申请，当事人仍然有权利按照自我的意愿约定。其次，由法院对于选任监督人进行裁判。意定监护能否顺利

---

① 利害关系则如监护人的配偶、兄弟姐妹等近亲属以及存在债权债务关系等情况。

得到设立以及相关的监护主体是否具备监护资格都可以由法院根据当事人的申请来进行裁判。

（2）监护人资格的审查。实质性审查与形式性审查是法院在审查该问题时所采用的审查方式。所谓的实质性审查也就是法院对被监护人的行为能力进行审查，以判断被监护人是否具有民事行为能力。世界范围内的许多国家对此也作出过规定，《日本民法典》曾就该问题作出过相关的规定，在提交选任监护监督人申请书时，也应该一并提供由医院出具的诊断书，但是至于其真实性则并不是必须审查的，如果法院认为有审查的必要，才会进行审查核实。本书对该问题已经进行了阐述，意定监护制度的设立并没有以被监护人的行为能力为前提条件。因而，在收到选任监护监督人的申请时法院无须对被监护人的行为能力进行实质性的审查，只需进行形式审查即可。换言之，申请人提出申请后，法院只需在核对申请材料是否齐全、规范后就应当依法选任监护监督人。申请人向法院提出申请需要达到一定的要求，譬如申请人的资格条件是否符合法律规定、意定监护合同是否已经成立并经过公证登记，是否还有相关人对该合同存在异议，提出申请的人是否得到了本人的首肯以及是否存有事项违反了法律规定的禁止性规定等。

鉴于监护监督人在意定监护制度中的重要作用，其主要通过监护监督人对监护人执行监护事项的评价来实现，笔者认为关于权利义务的规定不宜一味强调严格按照标准或者毫无限制，应该灵活处理。由于在实际操作的过程中，被监护人可能存在各种各样的要求，如果一味按照固定的规则处理，则可能有难以变通的情况出现，监护监督人权利与义务应该得到明确，但同时也应该具备一定程度上的灵活性。所以监护监督人的基本权利义务可以由以下内容构成：监督、调查监护人执行约定事项的履职行为；定期向法院汇报事务的执行情况；当出现紧急情况时在代理权范围内行使处分的权利等，具体的权利义务规定可由当事人或法院依据现实的情形在基础性规定的内容上做增添。

2. 法院监督

国家介入成年人意定监护制度中的一种形式就是通过法院来实现。法院监督的意义在于，监护监督人的重要作用在于对监护人进行监督，这就可以从一定程度上避免监护人滥用职权侵犯当事人合法权益的情况出现。本书曾经提到，《民法总则》第36条中规定的监护监督制度的作用在于可以通过公权力的介入来保障当事人的合法权益，而其实现的方式就是法院所拥有的对于监督人的撤销权。但是在监督制度的发展过程中，要想全方位实现公权力的介入并不能只通过对监护人的职责予以撤销这一方式。所以笔者认为如果仅仅只从撤销权这一个方面，法院不能完全发挥自己在该制度中的作用，而应从意定监护人的委任、解聘、审查意定监护合同、监护监督人对法院的报告等多方面、多角度实现无死角监督，只有这样才能有效地实现法院对于成年人意定监护制度的把控。

（四）构建成年人意定监护的相关配套制度

具体的监护程序、配套制度和规则是成年人意定监护制度实施的重要前提，是对成年人意定监护制度体系的有益补充与完善。

1. 意定监护合同登记制度

意定监护合同登记制度是指当事人达成合意签订监护合同之

后，应当在公证机关、法院或其他第三方机构进行登记公示的制度。之所以要登记是为了：第一，经过登记的合同具有了相应的公示效力，这样在交易中能够更有效地稳定市场交易秩序，维护交易对方的合法利益。由于接受意定监护的成年人，可能客观上存在行为能力逐渐衰退的情况，通常缺乏完全的民事行为能力，不排除其可能在行为能力不健全的情况下作出相应的民事行为，而这样的行为也许会对其合法权益造成损害而不自知，为了避免出现这样的情况，撤销权和追认权就是法律赋予监护人的合法手段。但是，现实中，交易的相对方可能对此并不了解，如果一味适用撤销权，可能会对其交易相对方的合法权益造成损害。由此，依据登记所产生的公示性，使得交易相对方与被监护人交易存在的风险都可以被交易相对方所了解，交易的安全更能得到保证。第二，将自然人的意思能力与公权力监督进行相互整合，不仅体现了被监护人的自我决定权得到充分尊重这一概念，而且能够防范因监护人擅用职权而侵害到被监护人利益的情况发生。正因如此，我国应当设立意定监护合同登记制度。

意定监护合同的登记机关在许多国家的具体规定中并不完全一样，如日本表现为公证机关，而英、美等国家则为法院。我国对于该制度的运用可以参考日本的相关规定，将公证机关作为意定监护合同的登记机关①。原因在于：首先，我国法院的工作内容繁杂且工作量大是众所周知的，如果像英美国家一样将该职责交给法院，那么法院的工作量会更加失控，这会对正常案件的审理造成不可预料的影响；其次，我国公证机关的工作人员具有严

① 李辰阳：《老年人意定监护的中国公证实践》，载《中国公证》2017 年第 6 期。

格的上岗要求，其法律专业知识并不差，足以处理相关的登记工作，因此他们承担起该项职责是完全可行的。公证机关的公信力给合同的可信性提供了天然的保障，与被监护人交易的相对方也会因此而更加放心。简言之，成年人意定监护制度附之以合同登记制度，使得公权力的监督介入得更为合理，宽严相济，也能在公权力的监督下实现最大限度的当事人意思自治，并达到保障、维持被监护人生活正常化目的。

（1）登记程序。意定监护合同登记需要由规范的程序来保障，首先，意定监护合同的双方当事人一同向登记机关提交申请应该是前提，且为了保证正式性，其提交的申请应当是纸质的书面申请，当登记机关接收到申请后，再将登记内容通过书面形式一次性告知委托人或各方利害关系人，如果相关权利人没有不同意见或者其不同意见未得到支持，登记机关依程序将意定监护合同登记造册。意定监护合同完成登记之后，合同的双方当事人不能凭借自己的意志对其内容进行更改，如果双方合意变更或废除合同，也需要严格遵守相关的程序，并且需要向登记机关提出申请。意定监护合同以监护监督人的确定为生效要件，那么显而易见登记并不是其生效的前提条件。意定监护合同只是通过登记依法取得公示效力并产生对抗效力。

（2）登记异议。异议是登记取得法律效力所必须经历的阶段，在异议阶段内，任何利害关系人如果对该合同具有不同意见都可以向登记机关提出，但是需要在异议期间提出。为了更好地实现立法目的，异议权的主体、利害关系人的范围以及异议为什么能够成立都应该是需要我们注意的问题。第一，拥有异议权的利害关系人范围是：本人的配偶、父母、子女等近亲属；第二，登记异议成立的正当理由：主张代理权无效、代理权不存在或者意定监护合同的受托人不适格等。

2. 意定监护优先，法定监护为补充原则

（1）成年人意定监护制度优先于法定监护适用。实际上，很多国家如德、日早已把“意定监护制度优先的原则”规定在成年人监护制度中。目前，我国的《民法总则》没有对这个问题的适用作出明确的规定，但是在《老年人权益保障法》第 26 条第 2 款[①]中则显示出意定监护优先适用的原则，由此推断，在我国的立法态度中，意定监护的适用顺序还是排在法定监护前面的。意定监护制度能够排在前面适用原因在于其自身的优势：首先，从制度设计的理念基础上来看，意定监护制度非常重视当事人的主观意愿，当事人的自我决定权在这里得到了很好的体现和保障，而在法定监护制度中，当事人的主观意愿没有得到完全的主张，监护人的意志反而起到了更加重要的作用。其次，从被监护人的地位来看，在意定监护中，被监护人对于监护人的选择是有决定权的，即便相关的合同成立并且生效，被监护人的行为也不会被完全限制，其仍可以按照自己的意志进行活动。因此，被监护人在意定监护制度的设计中处于主动的地位，从法定监护制度的角度来看，被监护人则处于十分被动的地位，从对监护人的选择到接受监护行为等都只能接受而不能有自己的意见。再次，意定监护制度的利用者的主体范围也较宽泛，只要是有想法的成年人都可以依据自己的意愿来订立，而法定监护的利用者范围被限定得较为狭窄，为尚不具备行为能力、部分或者全部丧失行为能力的

---

① 《老年人权益保障法》第 26 条第 2 款规定：老年人未事先确定监护人的，其丧失或者部分丧失民事行为能力时，依照有关法律的规定确定监护人。

人。最后，相比较于法定监护，意定监护的适用更加灵活和多元化，其可选择性更强，也更能根据被监护人自己的意愿来定制监护内容。基于以上的比较，意定监护制度的适用理应优先于法定监护制度。

（2）法定监护在特殊情况下的生效。在意定监护制度适用的过程中，法定监护制度原则上是不能被适用的，但是凡事总有例外，在意定监护制度不能完全起到作用时，我们不可能就现状放任不管，任由当事人的合法权益受到侵害，两项制度的合理结合以及相互补充才是解决该问题的最有效方式，无论前期适用的是哪一项制度，当其不能完全发挥作用时，为了保证当事人的合法权益不受侵害，我们都应该灵活地启用另一项制度。意定监护制度在适用过程中还存在一定程度上的不确定性，即有时候可能存在意定监护制度被停止适用而继续适用法定监护制度的情况，而这种情况在意定监护生效或者未生效状态下都有可能存在。但是在日常适用的过程中，意定监护制度仍然表现出了一些困境，在该制度中，更多仍表现为功夫做在事前，其作为一种制度不能起到预测未来的作用，同时也无法将还未发生的状况一一进行准确的预测，关于监护事项的约定也完全有可能存在一定程度上的遗漏。故而法定监护在这种情况下被适用就很合情合理了，当意定监护不能完全起到作用时，为了更有效地维护当事人的合法权益，此时停止适用意定监护而启用法定监护也未尝不可，对此有决定权的机关仍然是法院。为了使得当事人的合法权益得到完整意义上的保护，在意定监护制度出现问题时，随时由法定监护制度补上也未尝不可。而关于何为“必要情况”，则可由法院根据具体情况进行自由裁量。

参考文献

一、专著类

1. 联合国国际人口学会编著:《人口学辞典》,杨魁信、邵宁译,商务印书馆1992年版。

2. 王利明:《人格权法新论》,吉林人民出版社1994年版。

3. 江平主编:《民法学》,中国政法大学出版社2000年版。

4. 周枏:《罗马法原论》,商务印书馆2001年版。

5. 王利明主编:《中国民法典学者建议稿及理由·总则编》,法律出版社2005年版。

6. 李霞:《民法典成年人保护制度》,山东大学出版社2007年版。

7. 史尚宽:《亲属法论》,中国政法大学出版社2010年版。

8. 马俊驹、余延满:《民法原论》,法律出版社2010年版。

9. 梁慧星:《民法总论》,法律出版社2011年版。

10. 彭万林:《民法学》,中国政法大学出版社2011年版。

11. 李霞:《成年监护制度研究——以人权的视角》,中国政法大学出版社2012年版。

12. 崔建远:《合同法》,法律出版社2013年版。

13. 杨立新:《民法总则》,法律出版2013年版。

14. 李适时主编：《中华人民共和国民法总则释义》，法律出版社2017年版。

15. 沈德咏主编：《中华人民共和国民法总则条文理解与适用》，人民法院出版社2017年版。

16. ［意］彼得罗·彭梵得：《罗马法教科书》，黄风译，中国政法大学出版社2005年版。

二、论文类

1. 李霞：《后见制度的日本法观察——兼及我国的制度反思》，载《法学论坛》2003年第5期。

2. 李霞：《中日成年监护制度比较研究》，载《山东社会科学》2005年第8期。

3. 魏树发：《成年人监护制度的理念与立法选择》，载《福建师范大学学报（哲学社会科学版）》2007年第3期。

4. 秦丽丽：《英美法系成年监护制度研究》，山东大学2008年硕士学位论文。

5. 胡淑芳、魏树发：《试述英国新持续性代理权制度及其对我国构建意定监护制度的启示》，载《大庆师范学院学报》2009年第29卷第2期。

6. 李霞：《意定监护制度论纲》，载《法学》2011年第4期。

7. 刘金霞：《德国、日本成年监护制度改革的借鉴意义》，载《中国青年政治学院学报》2012年第5期。

8. 孝刚：《面向21世纪的日本成年监护制度》，刘善华译，载《上海政法学院学报（法治论丛）》2012年第4期。

9. 李昊：《大陆法系国家（地区）成年人监护制度改革简论》，载《环球法律评论》2013年第1期。

10. ［日］孝刚：《东亚成年监护制度的比较》，李国强译，载《吉林大学社会科学学报》2013年第2期。

11. 姜海顺、景明浩：《论韩国的成年监护制度及其对我国的启示》，载《延边大学学报（社会科学版）》2014年第47卷第3期。

12. 常媛、胡向阳：《由一则案例引发的对成年人监护制度设立的必要性思考》，载《法制与经济》2014年第12期。

13. 周韵曦：《婚姻家庭法政策要回应社会现实——专访北京大学法学院教授、中国法学会婚姻家庭法学研究会副会长马忆南教授》，载《中国妇女报》2014年10月22日，第A03版。

14. ［日］田山辉明：《日本成年监护制度——少子、老龄社会的法律制度》，顾祝轩译，载《交大法学》2015年第3期。

15. 焦富民：《民法总则中编纂视野中的成年监护制度》，载《政法论坛》2015年第6期。

16. 李霞：《台湾地区新修正的成年监护制度及其评析》，载《法学论坛》2015年第5期。

17. 李霞：《成年监护制度的现代转向》，载《中国法学》2015年第2期。

18. 杨立新：《〈民法总则〉制定与我国成年监护制度之完善》，载《法学家》2016年第1期。

19. 刘金霞：《完善民法总则（草案）监护制度之思考》，载《中华女子学院学报》2016年第5期。

20. 李欣：《〈民法总则（草案）〉第34条和第29条解析——以成年监护监督制度为中心》，载《安徽大学学报（哲学社会科学版）》2016年第6期。

21. 满洪杰:《关于〈民法总则(草案)〉成年监护制度三个基本问题》,载《法学论坛》2017年第1期。

22. 刘金霞:《监护监督的必要性及其制度构建》,载《西安电子科技大学学报(社会科学版)》2017年第1期。

23. 王嘉琦、刘淑波、檀再斌:《大陆法系老年人监护制度及启示》,载《长春理工大学学报(社会科学版)》2017年第30卷第2期。

24. 高丰美:《〈民法总则〉监护规定的进步、不足与完善——兼谈"婚姻家庭编"的监护立法》,载《法治论丛》2017年第3期。

25. 李国强:《论行为能力制度和新型成年监护制度——兼论〈中华人民共和国民法总则〉的制度安排》,载《法律科学》2017年第3期。

26. 王竹青:《论未成年人国家监护的立法构建——兼论民法典婚姻家庭编监护部分的制度设计》,载《河北法学》2017年第5期。

27. 李辰阳:《老年人意定监护的中国公证实践》,载《中国公证》2017年第6期。

28. 李世刚:《〈民法总则〉关于监护问题的释评》,载《法律适用》2017年第9期。

29. 王学智:《老年人权益保护的法律研究》,载《长江丛刊》2018年第5期。

30. 王竹青:《论成年人监护制度的最新发展:支持决策》,载《法学杂志》2018年第3期。

31. 魏少芳:《当前我国人口老龄化问题的现状、特征及解决对策浅析》,载《赢在未来》2018年第19期。

32. 郭明瑞:《民法典继承编应弘扬的社会主义核心价值观》,载2019年中国民法典婚姻家庭编、继承编立法研讨会论文集。

33. 韩生学:《大国养老》,载《啄木鸟》2019年第3期。

三、法典

1. 渠涛译:《最新日本民法典》,法律出版社2006年版。

2. 黄道秀:《俄罗斯联邦民法典》,北京大学出版社2007年版。

3. 罗结珍译:《法国民法典》,北京大学出版社2010年版。

4. 陈国柱:《意大利民法典》,中国人民大学出版社2010年版。

5. 王爱群译:《日本民法典》,法律出版社2014年版。

6. 戴永盛译:《瑞士民法典》,中国政法大学出版社2016年版。

7. 陈卫佐译:《德国民法典》,法律出版社2017年版。

四、其他

1.《中国老年痴呆患者每年增加30万人》,载《德阳晚报》,http://dywang.cn/news/jiankang/2013-09-24/49283.html,访问日期:2020年1月11日。

2.《人口老龄化对劳动力供给的影响》,https://www.xzbu.com/3/view-11236923.htm,访问日期:2020年2月5日。

3. 民政部副部长:《中国农村老龄化水平高于城市 人口老龄化城乡倒置》,http://www.chinadaily.com.cn,访问日期:2020年2月11日。

4. AlanPifer, LyiaBronte: Introduction: Squaring the Pyramid, DAEDALUS, 1986 (Winter).

5. Darlene Yee – Melichar and Andrea Renwanz Boyle, "Assisted Living Administration and Management: Effective Practices and Model Programs in Elder Care", Springer Publishing Company, LLC, 2011.

后　　记

写完本书最后一个字，有一种如释重负的感觉。

在大多数国人看来，父母为子女操劳了一辈子，总是希望老人晚年可以过得很舒服，应该想尽一切办法给他们最细腻的照料：怕父母出门容易摔着，所以无论他们去哪儿都尽量陪同；怕父母三餐营养不够均衡，所以亲自搭配；怕父母冻着，所以提前为父母准备好要穿的衣服。要听着、要顺着、要让着，这就是我们日常观念中的好子女。

有一位心理学家做过一项实验，他将某养老院的老年人分成实验组和对照组，对照组像往常一样生活被护士无微不至地照顾，而实验组则多出一些自由项目：老人们可以独立照料一盆自己选择的花草，还可以自己选择床单的颜色并负责将它铺好，每周四晚上还可以选择自己想看的录像节目。总之，他们可以在一定程度上自由地选择、支配自己的生活起居，结果如何呢？

无论是对生活的满意度、幸福感，还是身体的健康程度，那些被要求部分照料自己生活的老年人（实验组）都显著高于对照组，死亡率显著低于对照组。事实证明，那些有权利自由生活的老年人更快乐，也更健康。

我们需要改变，需要对“孝顺”的内涵作重新的审视与思考。在我看来：

尊重老人的意愿，尊重老人的选择，尊重老人的生活方式……这些就是孝敬的开始，也是融洽关系的开端。虽然我们逐渐成为家庭的顶梁柱，成为家里经济的主要来源，但是这些并不意味着我们就成为一个家庭中生活规则的制定者。真诚的沟通是解决问题的良好途径，而有效沟通的前提就是相互尊重、平等交流。

大道至简，知易行难。坐而论道，不如起身践行。让我们从一顿听父母唠叨的晚饭开始，从帮忙整理老人们总是舍不得丢掉的杂物开始，从学着欣赏老人的穿衣打扮开始……

最后，套用时下流行的一句话：我不要“你认为”，我要“我认为”。